MILAN KUNDERA

A ARTE DO ROMANCE

Tradução
TERESA BULHÕES CARVALHO DA FONSECA

Copyright © 1986 by Milan Kundera.
Proibida toda e qualquer adaptação da obra

Edição revista pelo autor

Grafia atualizada segundo o Acordo Ortográfico da Língua Portuguesa de 1990, que entrou em vigor no Brasil em 2009.

Título original
L'art du roman

Capa
Alceu Chiesorin Nunes

Imagem de capa
Dominique Corbasson/ www.kokoartagency.com

Preparação
Eliana Medeiros

Revisão
Marcelo Donizete de Brito Riqueti
Renato Potenza Rodrigues
Luciane Gomide Varda

Dados Internacionais de Catalogação na Publicação (CIP)
(Câmara Brasileira do Livro, SP, Brasil)

Kundera, Milan
    A arte do romance / Milan Kundera ; tradução Teresa
Bulhões Carvalho da Fonseca — 1ª ed. — São Paulo : Companhia das Letras, 2016.

    Título original: L'art du roman.
    ISBN 978-85-359-2798-6

    1. Criação (Literária, artística etc.) 2. Narrativa (Retórica)
3. Romance — História e crítica I. Título.

16-06345   CDD-809.3

Índice para catálogo sistemático:
1. Romance : História e crítica   809.3

[2016]
Todos os direitos desta edição reservados à
EDITORA SCHWARCZ S.A.
Rua Bandeira Paulista, 702, cj. 32
04532-002 — São Paulo — SP
Telefone: (11) 3707-3500
Fax: (11) 3707-3501
www.companhiadasletras.com.br
www.blogdacompanhia.com.br
facebook.com/companhiadasletras
instagram.com/companhiadasletras
twitter.com/ciadasletras

Sumário

Nota do autor. 7

PRIMEIRA PARTE: A herança depreciada
de Cervantes. 9
SEGUNDA PARTE: Diálogo sobre a arte
do romance 29
TERCEIRA PARTE: Anotações inspiradas por
Os sonâmbulos 53
QUARTA PARTE: Diálogo sobre a arte
da composição 75
QUINTA PARTE: Em algum lugar do
passado. 101
SEXTA PARTE: Sessenta e três palavras. 121
SÉTIMA PARTE: Discurso de Jerusalém:
o romance e a Europa. 155

Sobre o autor 166

Nota do autor

Embora a maior parte dos textos que aqui estão deva sua origem a diversas circunstâncias específicas, concebi-os com a ideia de que um dia seriam reunidos em um só livro-ensaio, balanço de minhas reflexões sobre a arte do romance.

(Devo destacar que não tenho a menor ambição teórica e que este livro é apenas a confissão de um prático? A obra de cada romancista traz uma visão implícita da história do romance, uma ideia do que é o romance: é essa ideia de romance, inerente a meus romances, que tentei expor.)

"A herança depreciada de Cervantes" expõe minha concepção pessoal do romance europeu e abre este "ensaio em sete partes".

Há alguns anos, uma revista nova-iorquina, *Paris Review*, pediu a Christian Salmon que fizesse uma entrevista sobre mim e meus hábitos de escritor. A entrevista transformou-se de imediato em diálogo sobre minhas experiências práticas com a arte do romance. Dividi a entrevista em dois textos independentes, sendo que o primeiro, "Diálogo sobre a arte do romance", é a segunda parte deste livro.

Quando saiu a nova edição de *Os sonâmbulos* pela Gallimard, no intuito de reapresentar Broch para o público francês, publiquei no *Le Nouvel Observateur* o artigo "O testamento de *Os sonâmbulos*". Descartei reproduzi-lo aqui depois que Guy Scarpetta lançou sua excelente introdução a Hermann Broch. Contudo, não podendo evitar *Os sonâmbulos,* que em minha história pessoal do romance ocupa uma posição eminente, escrevi, como terceira parte, "Anotações inspiradas por *Os sonâmbulos*", série de reflexões que pretende menos analisar essa obra do que dizer tudo o que lhe devo, tudo o que nós lhe devemos.

O segundo diálogo com Christian Salmon, "Diálogo sobre a arte da composição", discute, a partir de meus próprios romances, problemas artísticos, "artesanais" do romance, especialmente a respeito de sua arquitetura.

"Em algum lugar do passado" é o resumo de minhas reflexões sobre os romances de Kafka.

"Sessenta e três palavras" é o dicionário de palavras-chave que percorrem meus romances, e palavras-chave de minha estética do romance.

Na primavera de 1985, recebi o Prêmio Jerusalém. O padre Marcel Dubois, dominicano, professor da Universidade de Jerusalém, leu o panegírico em inglês com forte sotaque francês; com forte sotaque tcheco, em francês, li meu discurso de agradecimento, sabendo que iria constituir a última parte deste livro, o ponto final da minha reflexão sobre o romance e a Europa. Não poderia tê-lo lido em ambiente mais europeu, mais caloroso, mais querido.

PRIMEIRA PARTE

A herança depreciada de Cervantes

I

Em 1935, três anos antes de sua morte, Edmund
Husserl realizou, em Viena e em Praga, célebres conferências sobre a crise da humanidade europeia. O adjetivo
"europeu" designava para ele a identidade espiritual que
se estende além da Europa geográfica (à América, por
exemplo) e que nasceu com a antiga filosofia grega. Esta,
segundo ele, pela primeira vez na História, abrangeu o
mundo (o mundo em seu conjunto) como uma questão a
resolver. Ela o interrogava não para satisfazer esta ou
aquela necessidade prática, mas porque a "paixão de conhecer se apossou do homem".

A crise de que Husserl falava lhe parecia tão profunda que ele se perguntava se a Europa ainda era capaz de
sobreviver a ela. Ele localizava as raízes da crise no início
dos tempos modernos, em Galileu e em Descartes, no caráter unilateral das ciências europeias, que tinham redu-
zido o mundo a um simples objeto de exploração técnica

e matemática, e tinham excluído de seu horizonte o mundo concreto da vida, *die Lebenswelt*, como ele dizia.

O crescimento das ciências impulsionou o homem em direção aos subterrâneos das disciplinas especializadas. Quanto mais avançava em seu saber, mais perdia de vista o conjunto do mundo e a si próprio, soçobrando assim no que Heidegger, discípulo de Husserl, chamava, em uma fórmula bela e quase mágica, "o esquecimento do ser".

Elevado outrora por Descartes a "senhor e dono da natureza", o homem se torna uma simples coisa para as forças (da técnica, da política, da História) que o ultrapassam, o sobrepassam, o possuem. Para essas forças, seu ser concreto, seu "mundo da vida" (*die Lebenswelt*), não tem mais nenhum preço nem interesse: está eclipsado, esquecido de antemão.

2

Creio, no entanto, que seria ingênuo considerar a severidade desse olhar pousado nos tempos modernos como uma simples condenação. Diria que os dois grandes filósofos desvendaram a ambiguidade dessa época que é, ao mesmo tempo, degradação e progresso e, como tudo que é humano, contém o germe de seu fim em seu nascimento. Essa ambiguidade não diminui, a meus olhos, os quatro últimos séculos europeus, aos quais me sinto mais ligado na medida em que não sou filósofo mas romancista. Na verdade, para mim, o fundador dos tempos modernos não é somente Descartes, mas também Cervantes.

Talvez seja a ele que os dois fenomenólogos deixaram de levar em consideração em seu julgamento dos tempos modernos. Quero dizer com isso que, se é verdade que a filosofia e as ciências esqueceram o ser do homem, parece mais evidente ainda que com Cervantes se formou uma grande arte europeia que é justamente a exploração desse ser esquecido.

Com efeito, todos os grandes temas existenciais que Heidegger analisa em *Ser e tempo*, julgando-os abandonados por toda a filosofia europeia anterior, foram desvendados, mostrados, esclarecidos por quatro séculos de romance. Um por um, o romance descobriu, a sua própria maneira, por sua própria lógica, os diferentes aspectos da existência: com os contemporâneos de Cervantes, ele se pergunta o que é a aventura; com Samuel Richardson, começa a examinar "o que se passa no interior", a desvendar a vida secreta dos sentimentos; com Balzac, descobre o enraizamento do homem na História; com Flaubert, explora a terra até então incógnita do cotidiano; com Tolstói, inclina-se sobre a intervenção do irracional nas decisões e no comportamento humanos. Ele sonda o tempo: o inapreensível momento passado com Marcel Proust; o inapreensível momento presente com James Joyce. Interroga, com Thomas Mann, o papel dos mitos que, vindos do começo dos tempos, teleguiam nossos passos. *Et cætera, et cætera.*

O romance acompanha o homem constante e fielmente desde o princípio dos tempos modernos. A "paixão de conhecer" (aquela que Husserl considera a essência da espiritualidade europeia) se apossou dele então, para que ele perscrute a vida concreta do homem e a proteja contra "o esquecimento do ser"; para que ele mantenha "o mundo da vida" sob uma iluminação perpétua. É nesse sentido que compreendo e compartilho a obstinação com que Hermann Broch repetia: descobrir o que somente um romance pode descobrir é a única razão de ser de um romance. O romance que não descobre algo até então desconhecido da existência é imoral. O conhecimento é a única moral do romance.

Acrescento ainda isto: o romance é a obra da Europa; suas descobertas, embora feitas em línguas diferentes, pertencem a toda a Europa. A sucessão das descobertas (e não a soma do que foi escrito) faz a história do romance europeu. É somente nesse contexto supranacional que o valor de uma obra (isto é, o alcance de sua descoberta) pode ser visto e compreendido plenamente.

3

Quando Deus deixava lentamente o lugar de onde tinha dirigido o universo e sua ordem de valores, separara o bem do mal e dera um sentido a cada coisa, Dom Quixote saiu de sua casa e não teve mais condições de reconhecer o mundo. Este, na ausência do Juiz supremo, surgiu subitamente numa temível ambiguidade; a única Verdade divina se decompôs em centenas de verdades relativas que os homens dividiram entre si. Assim, o mundo dos tempos modernos nasceu e, com ele, o romance, sua imagem e modelo.

Compreender com Descartes o *ego pensante* como fundamento de tudo, estar assim só em face do universo, é uma atitude que Hegel, a justo título, julgou heroica.

Compreender com Cervantes o mundo como ambiguidade, ter de enfrentar, em vez de uma só verdade absoluta, muitas verdades relativas que se contradizem (verdades incorporadas em *egos imaginários* chamados personagens), ter portanto como única certeza a *sabedoria da incerteza*, isso não exige menos força.

O que quer dizer o grande romance de Cervantes? Existe vasta literatura a esse respeito. Há os que pretendem ver nesse romance a crítica racionalista do idealismo obscuro de Dom Quixote. Outros veem nele a exaltação do mesmo idealismo. Ambas as interpretações são errôneas porque pretendem encontrar na base do romance não uma interrogação, mas um preconceito moral.

O homem deseja um mundo onde o bem e o mal sejam nitidamente discerníveis, pois existe nele a vontade inata e indomável de julgar antes de compreender. Sobre essa vontade estão fundadas as religiões e as ideologias. Elas não podem se conciliar com o romance a não ser que traduzam sua linguagem de relatividade e de ambiguidade no próprio discurso apodíctico e dogmático. Elas exigem que alguém tenha razão; ou Anna Kariênina é vítima de um déspota obtuso, ou então Karenin é vítima de uma mulher imoral; ou K., inocente, é esmagado pelo tribunal injusto, ou então por trás do tribunal se esconde a justiça divina e K. é culpado.

Nesse "ou — ou então" está contida a incapacidade de suportar a relatividade essencial das coisas humanas, a incapacidade de encarar a ausência do Juiz supremo. Devido a essa incapacidade, a sabedoria do romance (a sabedoria da incerteza) é difícil de aceitar e de compreender.

4

Dom Quixote partiu para um mundo que se abria amplamente diante dele. Ali podia entrar livremente e voltar para casa quando quisesse. Os primeiros romances europeus são viagens através do mundo, que parece ilimitado. O início de *Jacques, o fatalista* surpreende os dois heróis no meio do caminho; não se sabe nem de onde eles vêm nem para onde vão. Encontram-se em um tempo que não tem começo nem fim, em um espaço que não conhece fronteiras, no meio da Europa para a qual o futuro não pode acabar nunca. Meio século após Diderot, em Balzac, o horizonte longínquo desapareceu como uma paisagem atrás dos edifícios modernos que são as instituições sociais: a polícia, a justiça, o mundo das finanças e do crime, o exército, o Estado. O tempo de Balzac não conhece mais a ociosidade feliz de Cervantes ou de Diderot. Ele embarcou no trem que se denomina História. É fácil subir nele, difícil descer dele. Contudo, esse trem ainda não tem nada de apavorante, tem até um encanto; promete, a todos os seus passageiros, aventuras, e com elas toda a glória.

Mais tarde, para Ema Bovary, o horizonte se estreita a tal ponto que parece uma clausura. As aventuras estão do outro lado e a nostalgia é insuportável. No tédio do cotidiano, os sonhos e devaneios ganham importância. O infinito perdido do mundo exterior é substituído pelo infinito da alma. A grande ilusão de unicidade insubstituível do indivíduo, uma das mais belas ilusões europeias, desabrocha.

Mas o sonho sobre o infinito da alma perde sua magia no momento em que a História, ou o que dela restou, força supra-humana de uma sociedade onipotente, se apossa do homem. Ela não mais lhe promete toda a glória, promete-lhe apenas um posto de agrimensor. K. diante do tribunal, K. diante do castelo, que pode fazer? Não muita coisa. Pelo menos pode sonhar, como outrora. Ema Bovary? Não, a trama da situação é terrível demais e suga como um aspirador todos os seus pensamentos e todos os seus sentimentos: só pode pensar em seu processo, em seu posto de agrimensor. O infinito da alma, se existe, tornou-se um apêndice quase inútil do homem.

5

O caminho do romance se esboça como uma história paralela dos tempos modernos. Se me volto para abrangê-lo com o olhar, ele me parece estranhamente breve e finito. Não é o próprio Dom Quixote que, após três séculos de viagem, regressa à aldeia disfarçado de agrimensor? Outrora ele partira para escolher suas aventuras, e agora, nessa aldeia abaixo do castelo, não existe mais escolha, a aventura lhe é *comandada*: um lamentável litígio com a administração a propósito de um erro em seu dossiê. Depois de três séculos, o que se passou com a aventura, esse primeiro grande tema do romance? Tornou-se ela sua própria paródia? O que significa isso? Que o caminho do romance se fecha por um paradoxo?

Sim, poderíamos pensar isso. E não existe apenas um; esses paradoxos são incontáveis. *O bravo soldado Chveik* talvez seja o último grande romance popular. Não surpreende que esse romance cômico seja ao mesmo tempo um romance de guerra cuja ação se desenrola no exército e na frente de batalha? O que aconteceu pois com a guerra e seus horrores, transformaram-se em objeto de riso?

Em Homero, em Tolstói, a guerra tinha um sentido inteiramente inteligível: batiam-se pela bela Helena ou pela Rússia. Chveik e seus companheiros se dirigem para a frente de batalha sem saber por quê, e, o que é ainda mais chocante, sem se interessar em saber.

Mas qual é então o motor de uma guerra, se não é nem Helena nem a pátria? A simples força querendo se afirmar como força? Essa "vontade de vontade" de que falará Heidegger mais tarde? Entretanto, não está ela desde sempre por trás de todas as guerras? Sim, é claro. Mas dessa vez, em Hasek, está despida de qualquer argumentação razoável. Ninguém acredita no falatório da propaganda, nem mesmo os que a fabricam. A força é sem sentido, tão sem sentido como nos romances de Kafka. Na verdade, o tribunal não tirará nenhum proveito da execução de K., assim como o castelo não achará nenhum proveito em prender o agrimensor. Por que a Alemanha ontem, a Rússia hoje querem dominar o mundo?* Para ficarem mais ricas? Mais felizes? Não. A agressividade da força é perfeitamente desinteressada; imotivada; quer somente seu querer; é o puro irracional.

Kafka e Hasek nos põem em confronto com este imenso paradoxo: durante a época dos tempos modernos, a razão cartesiana corroía, um após outro, todos os valores herdados da Idade Média. Mas, no momento da vitória total da razão, é o irracional puro (a força querendo apenas seu querer) que se apossará do cenário do mundo, porque não haverá mais nenhum sistema de valores comumente admitido que possa lhe fazer obstáculo.

Esse paradoxo, posto magistralmente em evidência em *Os sonâmbulos*, de Hermann Broch, é um dos que eu gostaria de denominar *terminais*. Há outros. Por exemplo: os tempos modernos cultivavam o sonho de uma hu-

---

* A primeira edição de *A arte do romance* foi publicada na França em 1986. (N. E.)

manidade que, dividida em diferentes civilizações separadas, encontraria um dia a unidade e, com ela, a paz eterna. Hoje, a história do planeta forma, enfim, um todo indivisível, mas a guerra, ambulante e perpétua, é que realiza e assegura essa unidade da humanidade há muito tempo sonhada. A unidade da humanidade significa: ninguém pode escapar em nenhum lugar.

6

As conferências em que Husserl falou da crise da Europa e da possibilidade do desaparecimento da humanidade europeia foram seu testamento filosófico. Ele as apresentou em duas capitais da Europa Central. Essa coincidência tem uma significação profunda: na verdade, é nessa mesma Europa Central que, pela primeira vez em sua história moderna, o Ocidente pôde ver a morte do Ocidente, ou, mais precisamente, a amputação de um pedaço de si mesmo, quando Varsóvia, Budapeste e Praga foram engolidas pelo império russo. Essa desgraça foi engendrada pela Primeira Guerra Mundial, que, desencadeada pelo império dos Habsburgo, conduziu ao fim esse mesmo império e desequilibrou por um longo período a Europa enfraquecida.

Os últimos tempos pacíficos em que o homem só tinha a combater os monstros de sua alma, os tempos de Joyce e de Proust, acabaram. Nos romances de Kafka, de Hasek, de Musil, de Broch, o monstro vem do exterior e o chamam História; ela não se parece mais com o trem dos aventureiros: ela é impessoal, ingovernável, incalculável, incompreensível — e ninguém lhe escapa. É o momento (o dia seguinte da guerra de 1914) em que a plêiade de grandes romancistas centro-europeus percebeu, tocou, apreendeu os *paradoxos terminais* dos tempos modernos.

Contudo, não devemos ler seus romances como uma profecia social e política, como um Orwell antecipado! O que Orwell nos disse poderia ser dito tão bem (ou antes, muito melhor) em um ensaio ou em um panfleto. Em contrapartida, esses romancistas descobrem "o que somente um romance pode descobrir": mostram como, nas condições dos "paradoxos terminais", todas as categorias existenciais mudam subitamente de sentido: o que é a *aventura* se a liberdade de ação de um K. é totalmente ilusória? O que é o *futuro* se os intelectuais de *O homem sem qualidades* não têm a menor suspeita sobre a guerra que, amanhã, irá varrer suas vidas? O que é o *crime* se Huguenau de Broch não só não se arrepende como se esquece do assassinato que cometeu? E, se o único grande romance cômico dessa época, o de Hasek, tem por cenário a guerra, o que aconteceu então com o cômico? Onde está a diferença entre o *privado* e o *público* se K., mesmo em seu leito de amor, não fica jamais sem dois agentes do castelo? E o que é, nesse caso, a *solidão*? Um fardo, uma angústia, uma maldição, como quiseram que acreditássemos, ou, ao contrário, o valor mais precioso, a ponto de ser esmagado pela coletividade onipresente?

Os períodos da história do romance são muito longos (não têm nada a ver com as transformações contínuas dos costumes) e são caracterizados por esse ou aquele aspecto do ser que o romance examina com prioridade. Assim, as possibilidades contidas na descoberta flaubertiana do cotidiano não foram desenvolvidas plenamente senão setenta anos mais tarde, na gigantesca obra de James Joyce. O período inaugurado, há cinquenta anos, pela plêiade de romancistas centro-europeus (período dos *paradoxos terminais*) me parece longe de se encerrar.

7

Fala-se bastante, e há muito tempo, a respeito do fim do romance: especialmente os futuristas, os surrealistas, quase todas as vanguardas. Eles viam o romance desaparecer na estrada do progresso, em proveito de um futuro radicalmente novo, em proveito de uma arte que não se pareceria em nada com o que existia antes. O romance seria enterrado em nome da justiça histórica, assim como a miséria, as classes dominantes, os velhos modelos de carros ou as cartolas.

Ora, se Cervantes é o fundador dos tempos modernos, o fim de sua herança deveria significar mais que uma simples etapa na história das formas literárias; ela anunciaria o fim dos tempos modernos. É por isso que me parece leviano o sorriso beatífico com que pronunciam necrológios do romance. Leviano porque já vi e vivi a morte do romance, sua morte violenta (através de proibições, censura, pressão ideológica), no mundo onde passei grande parte de minha vida e que habitualmente chamam de totalitário. Então, manifestou-se com toda a clareza que o romance era perecível; tão perecível quanto o Ocidente dos tempos modernos. Enquanto modelo desse mundo, baseado na relatividade e na ambiguidade das coisas humanas, o romance é incompatível com o universo totalitário. Essa incompatibilidade é mais profunda que aquela que separa um dissidente de um *apparatchik*, um combatente pelos direitos do homem de um torturador, porque ela é não somente política ou moral, mas *ontológica*. Isso significa: o mundo baseado numa só Verdade e o mundo ambíguo e relativo do romance são moldados, cada um, de uma matéria totalmente diversa. A Verdade totalitária exclui a relatividade, a dúvida, a interrogação, e ela jamais pode portanto se conciliar com o que eu chamaria o *espírito do romance*.

Então, na Rússia comunista não se publicam centenas e milhares de romances com enormes tiragens e grande sucesso? Sim, mas esses romances não prolongam a conquista do ser. Não descobrem nenhuma parcela nova da existência; apenas confirmam o que já se disse; e mais: na confirmação do que se diz (do que é preciso dizer) consistem sua razão de ser, sua glória, a utilidade na sociedade que é a sua. Não descobrindo nada, não participam mais da *sucessão de descobertas* que denomino história do romance; eles se situam *fora* dessa história, ou então: *são romances depois da história do romance*.

Há mais ou menos meio século a história do romance parou no império do comunismo russo. É um extraordinário acontecimento, dada a grandeza do romance russo de Gogol a Biely. A morte do romance não é, pois, uma ideia fantasiosa. Ela já aconteceu. E agora nós sabemos *como* o romance morre: ele não desaparece; sua história cessa: depois dela resta apenas o tempo da repetição no qual o romance reproduz a forma esvaziada de seu espírito. É, pois, uma morte dissimulada que passa despercebida e não escandaliza ninguém.

8

Mas, por sua própria lógica interna, o romance não chega ao fim de seu caminho? Já não explorou todas as suas possibilidades, todos os seus conhecimentos e todas as suas formas? Ouvi sua história ser comparada às minas de carvão há muito esgotadas. Entretanto, ela não se parece mais com o cemitério das oportunidades perdidas, dos apelos não atendidos? Há quatro apelos aos quais sou especialmente sensível.

Apelo da diversão — *Tristram Shandy*, de Laurence Sterne, e *Jacques, o fatalista*, de Denis Diderot, aparecem hoje para mim como as duas maiores obras romanescas do século XVIII, dois romances concebidos como uma grandiosa diversão. São dois cumes da leveza jamais atingidos, nem antes nem depois. O romance ulterior se fez encadear pelo imperativo da verossimilhança, pelo cenário realista, pelo rigor da cronologia. Abandonou as possibilidades contidas nessas duas obras-primas, que estavam a ponto de fundar uma evolução do romance diferente da que se conhece (sim, pode-se imaginar também uma outra história do romance europeu...).

Apelo do sonho — A imaginação adormecida do século XIX foi subitamente despertada por Franz Kafka, que conseguiu o que os surrealistas postularam após ele, sem realmente realizar: a fusão do sonho e do real. Essa grande descoberta, menos que o remate de uma evolução, é uma abertura inesperada que revela que o romance é o lugar onde a imaginação pode explodir como num sonho e que o romance pode se libertar do imperativo aparentemente inelutável da verossimilhança.

Apelo do pensamento — Musil e Broch fizeram entrar no cenário do romance uma inteligência soberana e radiosa. Não para transformar o romance em filosofia, mas para mobilizar sobre a base da narração todos os meios, racionais e irracionais, narrativos e meditativos, suscetíveis de esclarecer o ser do homem, de fazer do romance a suprema síntese intelectual. Sua façanha é o remate da história do romance ou, antes, o convite para uma longa viagem?

Apelo do tempo — O período dos *paradoxos terminais* incita o romancista a não limitar mais a questão do tempo ao problema proustiano da memória pessoal, mas estendê-la ao enigma do tempo coletivo, do tempo da Europa, a Europa que se volta para olhar seu passado, para fazer seu balanço, para apreender sua história, como um velho que apreende com um único olhar sua própria vida passada. Daí a vontade de transpor os limites temporais de uma vida individual nos quais o romance até então foi isolado e de fazer entrar em seu espaço várias épocas históricas (Aragon e Fuentes já fizeram essa tentativa).

Entretanto, não quero profetizar os caminhos futuros do romance, que ignoro totalmente; quero somente dizer que, se o romance tem de desaparecer realmente, não é porque esteja no fim de suas forças, mas porque se encontra em um mundo que não é mais o seu.

9

A unificação da história do planeta, esse sonho humanista do qual Deus maldosamente permitiu a realização, está acompanhada por um processo de redução vertiginosa. É verdade que os cupins da redução desde sempre atacam a vida humana: até o maior amor acaba se reduzindo a um esqueleto de lembranças raquíticas. Mas o caráter da sociedade moderna reforça monstruosamente essa maldição: a vida do homem está reduzida a sua função social; a história de um povo, a alguns acontecimentos, que por sua vez são reduzidos a uma interpretação tendenciosa; a vida social está reduzida à luta política e esta, à confrontação de apenas duas grandes potências planetárias. O homem se acha num verdadeiro *turbilhão da redução*, onde o "mundo da vida" de que falava Husserl se obscurece fatalmente e onde o ser cai no esquecimento.

Ora, se a razão de ser do romance é manter o "mundo da vida" sob uma iluminação perpétua e nos proteger contra "o esquecimento do ser", a existência do romance não é, hoje, mais necessária que nunca?

Parece-me que sim. Entretanto, infelizmente, o romance também é atacado pelos cupins da redução, que não reduzem somente o sentido do mundo mas também o sentido das obras. O romance (como toda cultura) se encontra cada vez mais nas mãos da mídia; essa, sendo agente de unificação da história mundial, amplifica e canaliza o processo de redução; distribui no mundo inteiro as mesmas simplificações e clichês suscetíveis de serem aceitos pelo maior número, por todos, pela humanidade inteira. E pouco importa que os diferentes interesses políticos se manifestem em seus diferentes órgãos. Por trás dessa aparente diferença reina um espírito comum. Basta folhear os semanários políticos americanos ou europeus, tanto os da esquerda como os da direita, do *Time* ao *Spiegel*: todos eles têm a mesma visão da vida, que se reflete na mesma ordem segundo a qual seu sumário é composto, nas mesmas rubricas, nas mesmas formas jornalísticas, no mesmo vocabulário e no mesmo estilo, nos mesmos gostos artísticos e na mesma hierarquia do que eles acham importante e do que acham insignificante. Esse espírito comum da mídia, dissimulado sob a diversidade política, é o espírito do nosso tempo. Esse espírito me parece contrário ao espírito do romance.

O espírito do romance é o espírito de complexidade. Cada romance diz ao leitor: "As coisas são mais complicadas do que você pensa". Essa é a eterna verdade do romance que, entretanto, é ouvida cada vez menos no alarido das respostas simples e rápidas que precedem a questão e a excluem. Para o espírito de nosso tempo, é Anna ou então Karenin que tem razão, e a velha sabedoria de Cervantes que nos fala da dificuldade de saber e da intangível verdade que parece embaraçosa e inútil.

O espírito do romance é o espírito de continuidade: cada obra é a resposta às obras precedentes; cada obra contém toda a experiência anterior do romance. Entretanto, o espírito de nosso tempo está fixado sobre a atualidade, que é tão expansiva, tão ampla, que expulsa o passado de nosso horizonte e reduz o tempo ao único segundo presente. Incluído nesse sistema, o romance não é mais obra (coisa destinada a durar, a unir o passado ao futuro), mas acontecimento da atualidade como outros acontecimentos; um gesto sem amanhã.

10

Isso quer dizer que, no mundo "que não é mais o seu", o romance vai desaparecer? Que ele vai deixar a Europa soçobrar no "esquecimento do ser"? Que não restará senão o falatório sem fim dos grafômanos, senão *romances após o fim da história do romance*? Nada sei sobre isso. Creio apenas saber que o romance não pode mais viver em paz com o espírito de nosso tempo: se ainda quer continuar a descobrir o que não foi descoberto, se ainda quer "progredir" como romance, ele só pode fazê-lo contra o progresso do mundo.

A vanguarda viu as coisas de outro modo; estava possuída pela ambição de estar em harmonia com o futuro. Os artistas de vanguarda criaram obras realmente corajosas, difíceis, provocadoras, vaiadas, mas as criaram com a certeza de que "o espírito do tempo" estava com eles e que, amanhã, ele lhes daria razão.

Outrora, eu também considerei o futuro como único juiz competente de nossas obras e de nossos atos. Mais tarde é que compreendi que o namoro com o futuro é o pior dos conformismos, a covarde adulação do mais forte. Pois o futuro é sempre mais forte que o presente. É realmente ele, com efeito, que nos julgará. E, certamente, sem nenhuma competência.

Mas se o futuro não representa um valor a meus olhos, a que estou ligado: a Deus? à pátria? ao povo? ao indivíduo?

Minha resposta é tão ridícula quanto sincera: não estou ligado a nada, salvo à herança depreciada de Cervantes.

SEGUNDA PARTE
Diálogo sobre a arte do romance

Christian Salmon: Desejo dedicar esta conversa à estética de seus romances. Mas por onde começar?

M. K.: Pela afirmação: meus romances não são psicológicos. Mais precisamente: eles se encontram além da estética do romance que se chama habitualmente de psicológico.

C. S.: Mas não são todos os romances necessariamente psicológicos? Isto é, voltados para o enigma da psique?

M. K.: Sejamos mais precisos: todos os romances de todos os tempos se voltam para o enigma do eu. Desde que você cria um ser imaginário, um personagem, fica automaticamente confrontado com a questão: o que é o eu? Como o eu pode ser apreendido? É uma dessas questões fundamentais sobre as quais o romance como tal se baseia. Pelas diferentes respostas a essa questão, se você quiser, pode distinguir diferentes tendências e, talvez, diferentes períodos na história do romance. Os primeiros narradores europeus nem conhecem a abordagem psicológica. Boccaccio nos conta simplesmente ações e aventuras. No entanto, por trás de todas essas histórias engraçadas, percebe-se uma convicção: é pela ação que o homem sai do universo repetitivo do cotidiano em que todo mundo se parece com todo mundo; é pela ação que ele se diferencia dos outros e se torna um indivíduo. Dante disse: "Em toda ação, a primeira intenção daquele que age é revelar sua própria imagem". No começo, a ação é compreendida como autorretrato daquele que age. Quatro séculos depois de Boccaccio, Diderot é mais cético: seu *Jacques, o fatalista* seduz a noiva de seu amigo, embriaga-se de felicidade, seu pai lhe dá uma surra, passa por ali um regimento, por despeito ele se alista, na primeira batalha leva uma bala no joelho e manca até a morte. Pensava começar uma aventura amorosa, quando na verdade caminhava em direção a sua enfermidade. Não pode nunca reconhecer-se em seu ato. Entre o ato e ele, abre-se uma fissura. O homem quer revelar pela ação sua própria imagem, mas essa imagem não se parece com ele. O caráter paradoxal da ação é uma das grandes descobertas do romance. Mas se o eu não é atingível na ação, onde e como podemos atingi-lo? Chegou então o momento em que o romance, em sua busca do eu, teve de se desviar do mundo visível da ação e se inclinar sobre o invisível da vida interior. Em meados do século XVIII, Richardson descobre a forma de romance por cartas em que os personagens confessam seus pensamentos e seus sentimentos.

C. S.: O nascimento do romance psicológico?

M. K.: O termo é evidentemente inexato e aproximativo. Evitemos usá-lo e utilizemos uma perífrase: Richardson lançou o romance no caminho da exploração da vida interior do homem. Conhecemos seus grandes continuadores: o Goethe de *Werther*, Constant, depois Stendhal e os escritores de seu século. O apogeu dessa evolução encontra-se, a meu ver, em Proust e Joyce. Joyce analisa algo de ainda mais inatingível do que o "tempo perdido" de Proust: o momento presente. Aparentemente não existe nada de mais evidente, de mais tangível e palpável do que o momento presente. E, no entanto, ele nos escapa completamente. Toda a tristeza da vida está aí. Durante um único segundo, nossa vista, nossa audição, nosso olfato registram (consciente ou inconscientemente) uma série de acontecimentos e, por nossa cabeça, passa um cortejo de sensações e de ideias. Cada instante representa um pequeno universo, irremediavelmente esquecido no instante seguinte. Ora, o grande microscópio de Joyce sabe parar, reter esse instante fugidio e fazer com que o vejamos. Mas a busca do eu termina, mais uma vez, por um paradoxo: quanto maior é a óptica do microscópio que observa o eu, mais o eu e sua unicidade nos escapam; sob a grande lente joyciana que decompõe a alma em átomos, somos todos parecidos. Mas se o eu e seu caráter único não são atingíveis pela vida interior do homem, onde e como podemos atingi-los?

C. S.: E podemos atingi-los?

M. K.: Claro que não. A busca do eu sempre terminou e sempre terminará por uma insatisfação paradoxal. Não digo fracasso. Pois o romance não pode ultrapassar os limites de suas próprias possibilidades, e a revelação desses limites já é uma imensa descoberta, uma imensa proeza cognitiva. Não obstante, depois de ter tocado o fundo que implica a exploração detalhada da vida interior do eu, os grandes romancistas começaram a procurar, consciente ou inconscientemente, uma nova orientação. Fala-se muito da sagrada trindade do romance moderno: Proust, Joyce, Kafka. Na minha opinião, essa trindade não existe. Na minha história pessoal do romance, é Kafka que abre a nova orientação: orientação pós-proustiana. A maneira com que ele concebe o eu é inteiramente inesperada. De que modo K. é definido como ser único? Nem por sua aparência física (não se sabe nada dela), nem por sua biografia (não a conhecemos), nem por seu nome (ele não tem um), nem por suas lembranças, suas tendências, seus complexos. Por seu comportamento? O campo livre de suas ações é lamentavelmente limitado. Por seu pensamento interior? Sim, Kafka persegue sem parar as reflexões de K., mas essas são exclusivamente voltadas para a situação presente: o que se deve fazer agora, de imediato? Ir ao interrogatório ou esquivar-se? Obedecer ou não ao pedido do padre? Toda a vida interior de K. é absorvida pela situação em que ele se encontra preso, e nada do que possa ultrapassar essa situação (as lembranças de K., suas reflexões metafísicas, suas considerações sobre os outros) nos é revelado. Para Proust, o universo interior do homem constituía um milagre, um infinito que não parava de nos espantar. Mas não está aí o espanto de Kafka. Ele não se pergunta quais são as motivações interiores que determinam o comportamento do homem. Coloca uma questão radicalmente diferente: quais possibilidades o homem ainda tem num mundo em que as determinantes exteriores tornaram-se tão esmagadoras que as causas interiores não têm mais nenhum peso? Realmente, o que poderia ter mudado no destino e na atitude de K. se ele tivesse tido pulsões homossexuais ou uma dolorosa história de amor atrás de si? Nada.

C. S.: É o que você diz em *A insustentável leveza do ser*: "O romance não é uma confissão do autor, mas uma exploração do que é a vida humana, na armadilha em que se transformou o mundo". Mas o que quer dizer armadilha?

M. K.: Que a vida seja uma armadilha, isso sempre soubemos: nascemos sem ter pedido, presos a um corpo que não escolhemos e destinados a morrer. Em compensação, o espaço do mundo proporcionava uma permanente possibilidade de evasão. Um soldado podia desertar do exército e começar uma outra vida num país vizinho. Em nosso século, subitamente, o mundo fecha-se em torno de nós. O acontecimento decisivo dessa transformação do mundo em armadilha foi sem dúvida a guerra de 1914, chamada (e pela primeira vez na História) guerra mundial. Falsamente mundial. Ela compreendia apenas a Europa e nem mesmo *toda* a Europa. Mas o adjetivo "mundial" exprime ainda mais eloquentemente a sensação de horror frente ao fato que, dali em diante, nada daquilo que se passa no planeta será mais problema local, que todas as catástrofes dizem respeito ao mundo inteiro e que, por consequência, nós somos cada vez mais determinados pelo exterior, por situações das quais ninguém pode escapar e que cada vez mais nos fazem parecer uns com os outros.

Mas me entenda bem. Se eu me coloco além do romance dito psicológico, isso não quer dizer que eu queira privar meus personagens de vida interior. Isso apenas quer dizer que são outros enigmas, outros problemas que meus romances perseguem em primeiro lugar. Isso também não quer dizer que contesto os romances fascinados pela psicologia. A mudança de situação depois de Proust me enche sobretudo de nostalgia. Com Proust, uma imensa beleza se distancia lentamente de nós. E para sempre e sem volta. Gombrowicz tem uma ideia tão cômica quanto genial. O peso de nosso eu, diz ele, depende da quantidade de população no planeta. Assim Demócrito representava um/quatrocentos milionésimos da humanidade; Brahms, um bilionésimo; o próprio Gombrowicz, meio bilionésimo. Do ponto de vista dessa aritmética, o peso do infinito proustiano, o peso de um eu, da vida interior de um eu, torna-se cada vez mais leve. E, nessa trajetória em direção à leveza, nós atravessamos um limite fatal.

C. S.: "A insustentável leveza" do eu é sua obsessão, desde seus primeiros escritos. Penso em *Risíveis amores*, por exemplo, no conto "Eduardo e Deus". Depois de sua primeira noite de amor com a jovem Alice, Eduardo foi tomado de um estranho mal-estar, decisivo na sua história: olhava sua namorada e dizia-se "que as ideias de Alice eram na realidade apenas uma coisa que *revestia* seu destino, e que seu destino era apenas uma coisa que revestia seu corpo, e não via mais nela senão um conjunto fortuito formado por um corpo, ideias e uma biografia, conjunto inorgânico, arbitrário e transitório". E ainda em outro conto, "O jogo da carona", a moça, nos últimos parágrafos do relato, está tão perturbada pela incerteza de sua identidade que repete soluçando: "Sou eu, sou eu, sou eu...".

M. K.: Em *A insustentável leveza do ser*, Tereza olha-se no espelho. Pergunta-se o que aconteceria se seu nariz crescesse um milímetro por dia. No fim de quanto tempo seu rosto ficaria irreconhecível? E, se seu rosto não se parecesse mais com Tereza, seria ela ainda Tereza? Onde começa, onde termina o eu? Veja você: nenhum espanto diante do infinito insondável da alma. Antes, um espanto diante da incerteza do eu e de sua identidade.

C. S.: Há uma ausência total de monólogo interior em seus romances.

M. K.: Na cabeça de Bloom, Joyce colocou um microfone. Graças a essa fantástica espionagem que é o monólogo interior, nós aprendemos imensamente sobre o que somos. Mas eu não saberia usar esse microfone.

C. S.: Em *Ulysses*, de Joyce, o monólogo interior atravessa todo o romance, é a base de sua construção, o procedimento dominante. Seria a meditação filosófica que faria no seu caso esse papel?

M. K.: Acho impróprio o termo "filosófico". A filosofia desenvolve seu pensamento num espaço abstrato, sem personagens, sem situações.

C. S.: Você começa *A insustentável leveza do ser* por uma reflexão sobre o eterno retorno de Nietzsche. O que é isso senão uma meditação filosófica desenvolvida de modo abstrato, sem personagens, sem situações?

M. K.: Mas não! Essa reflexão introduz diretamente, desde a primeira linha do romance, a situação fundamental de um personagem — Tomas; ela expõe seu problema: a leveza da existência no mundo em que não há o eterno retorno. Veja, nós voltamos enfim a nossa questão: o que é que se encontra além do romance dito psicológico? Em outras palavras: qual é a maneira não psicológica de apreender o eu? Apreender um eu, quer dizer, em meus romances, apreender a essência de sua problemática existencial. Apreender seu *código existencial*. Ao escrever *A insustentável leveza do ser* me dei conta de que o código desse ou daquele personagem é composto de algumas palavras-chave. Para Tereza: o corpo, a alma, a vertigem, a fraqueza, o idílio, o paraíso. Para Tomas: a leveza, o peso. No capítulo intitulado "As palavras incompreendidas", examino o código existencial de

Franz e o de Sabina analisando várias palavras: a mulher, a fidelidade, a traição, a música, a obscuridade, a luz, os desfiles, a beleza, a pátria, o cemitério, a força. Cada uma dessas palavras tem um significado diferente no código existencial do outro. É claro que o código não é estudado *in abstracto*, ele se revela progressivamente na ação, nas situações. Pegue a terceira parte de *A vida está em outro lugar*: o herói, o tímido Jaromil, ainda é virgem. Um dia está passeando com sua amiga que, de repente, encosta a cabeça em seu ombro. Ele fica no auge da felicidade e até fisicamente excitado. Paro nesse miniacontecimento e constato: "a maior felicidade que Jaromil tinha conhecido era sentir a cabeça de uma moça encostada em seu ombro". A partir daí procuro apreender o erotismo de Jaromil: "A cabeça de uma moça significava para ele mais do que o corpo de uma moça". O que não quer dizer, explico, que o corpo lhe fosse indiferente, mas: "ele não desejava a nudez de um corpo de moça; desejava um rosto de moça iluminado pela nudez do corpo. Ele não desejava possuir o corpo de uma moça; ele desejava possuir um rosto de moça e que esse rosto lhe desse de presente o corpo como prova de seu amor". Tento dar um nome a essa atitude. Escolho a palavra *ternura*. E examino essa palavra: na realidade, o que é a ternura? Examino respostas sucessivas: "A ternura nasce no momento em que somos lançados no limiar da idade adulta e em que nos damos conta com angústia das vantagens da infância que não compreendíamos quando éramos crianças". E depois: "A ternura é o medo que nos inspira a idade adulta". E uma outra definição ainda: "A ternura é criar um espaço artificial em que o outro deve ser tratado como criança". Veja você, eu não mostro aquilo que se passa na cabeça de Jaromil, mostro sobretudo o que se passa na minha própria cabeça: observo longamente meu Jaromil, e procuro aproximar-me, passo a passo, do âmago de sua atitude, para compreendê--la, denominá-la, segurá-la.

Em *A insustentável leveza do ser*, Tereza vive com Tomas, mas seu amor exige dela uma mobilização de todas as suas forças e, de repente, ela não aguenta mais, quer voltar para trás, "para baixo", de onde veio. E eu me pergunto: o que acontece com ela? E encontro a resposta: ela é tomada por uma vertigem. Mas o que é vertigem? Procuro a definição e digo: "um atordoamento, um insuportável desejo de cair". Mas logo depois me corrijo, faço mais precisa a definição: "[...] a vertigem é a embriaguez causada pela nossa própria fraqueza. Temos consciência da nossa própria fraqueza, mas não queremos resistir a ela, e sim nos abandonar. Embriagamo--nos com nossa própria fraqueza, queremos ser mais fracos ainda, queremos desabar em plena rua, à vista de todos, queremos estar no chão, ainda mais baixo que o chão". A vertigem é uma das chaves para compreender Tereza. Não é a chave para compreender você ou eu. No entanto, você e eu conhecemos essa espécie de vertigem pelo menos como nossa possibilidade, uma das possibilidades da existência. Tive que inventar Tereza, um "ego experimental", para compreender essa possibilidade, para compreender a vertigem.

Mas não são apenas as situações particulares que são assim questionadas, o romance inteiro não é senão uma longa interrogação. A interrogação meditativa (meditação interrogativa) é a base sobre a qual todos os meus romances são construídos. Tomemos *A vida está em outro lugar*. Esse romance tinha por primeiro título: *L'âge lirique* [A idade lírica]. Mudei no último momento sob a pressão de amigos que o achavam insípido e rebarbativo. Cedendo, fiz uma bobagem. Na verdade, acho muito bom escolher como título de um romance sua categoria principal. *A brincadeira. O livro do riso e do esquecimento. A insustentável leveza do ser.* Mesmo *Risíveis amores.* Não se deve entender esse título no sentido "divertidas histórias de amor". A ideia do amor está sempre ligada à seriedade. Ora, amor risível é a categoria do amor desprovido de seriedade. Noção capital para o homem moderno. Mas voltemos ao romance *A vida está em outro lugar.* Esse romance apoia-se em algumas questões: o que é a atitude lírica? O que é a juventude considerada como idade lírica? Qual é o sentido do tríplice casamento: lirismo — revolução — juventude? E o que é ser poeta? Lembro-me de ter começado a escrever esse romance tendo como hipótese de trabalho esta definição que anotei no meu caderno: "O poeta é um rapaz que sua mãe leva a exibir-se diante do mundo no qual ele não é capaz de entrar". Veja, essa definição não é nem sociológica, nem estética, nem psicológica.

C. S.: Ela é fenomenológica.

M. K.: O adjetivo não é mau, mas proíbo-me de usá-lo. Tenho medo demais dos professores para quem a arte não é senão um derivado das correntes filosóficas e teóricas. O romance conhece o inconsciente antes de Freud, a luta de classes antes de Marx, ele pratica a fenomenologia (a busca da essência das situações humanas) antes dos fenomenólogos. Que soberbas descrições "fenomenológicas" em Proust que não conheceu nenhum fenomenólogo!

C. S.: Resumamos. Existem várias maneiras de apreender o eu. Primeiro, pela ação. Depois, na vida interior. Quanto a você, afirma: o eu é determinado pela essência de sua problemática existencial. Essa atitude tem em você numerosas consequências. Por exemplo, sua obsessão em compreender a essência das situações parece tornar superadas aos seus olhos todas as técnicas de descrição. Você não diz quase nada da aparência física de seus personagens. E, como a procura de motivações psicológicas lhe interessa menos do que a análise das situações, você também é muito avaro sobre o passado de seus personagens. O caráter muito abstrato de sua narrativa não ameaça tornar seus personagens menos vivos?

M. K.: Tente fazer essa mesma pergunta a Kafka ou a Musil. Aliás a Musil ela foi feita. Mesmo os espíritos mais cultos criticaram-no por não ser um verdadeiro romancista. Walter Benjamin admirava sua inteligência, mas não sua arte. Eduard Roditi acha seus personagens sem vida e lhe propõe Proust como exemplo a ser seguido: como madame Verdurin, diz ele, é viva e verdadeira se comparada a Diotime! Realmente, a longa tradição do realismo psicológico criou algumas normas quase invioláveis: 1. é preciso dar o máximo de informações sobre um personagem: sobre sua aparência física, sobre sua maneira de falar e de se comportar; 2. é preciso tornar conhecido o passado de um personagem, pois é nele que se encontram todas as motivações de seu comportamento presente; e 3. o personagem deve ter uma total independência, quer dizer que o autor e suas próprias considerações devem desaparecer para não atrapalhar o leitor que quer ceder à ilusão e tomar a ficção por uma realidade. Ora, Musil rompeu esse velho contrato celebrado entre o romance e o leitor. E com ele outros romancistas. O que sabemos sobre a aparência física de Esch, o maior personagem de Broch? Nada. A não ser que tinha dentes grandes. O que sabemos sobre a infância de K. ou de

Chveik? E nem Musil, nem Broch, nem Gombrowicz têm nenhum constrangimento em estar presentes com seus pensamentos em seus romances. O personagem não é uma simulação de um ser vivo. É um ser imaginário. Um ego experimental. O romance liga-se assim de novo a seus começos. Dom Quixote é quase impensável como ser vivo. No entanto, em nossa memória, que personagem é mais vivo do que ele? Compreenda-me bem, não quero esnobar o leitor e seu desejo tão ingênuo quanto legítimo de se deixar levar pelo mundo imaginário do romance e confundi-lo de vez em quando com a realidade. Mas não acredito que a técnica do realismo psicológico seja indispensável para isso. Li pela primeira vez *O castelo* quando tinha catorze anos. Na mesma época admirava um jogador de hóquei no gelo que morava perto de nós. Imaginei K. com seus traços. Até hoje o vejo assim. Quero dizer com isso que a imaginação do leitor completa automaticamente a do autor. Tomas é louro ou moreno? O pai dele era rico ou pobre? Escolham vocês mesmos!

C. S.: Mas você não observa sempre essa regra: em *A insustentável leveza do ser*, se Tomas não tem praticamente nenhum passado, Tereza é apresentada não apenas com sua própria infância mas ainda com a infância de sua mãe!

M. K.: No romance, você encontrará esta frase: "sua vida foi um mero prolongamento da vida de sua mãe, da mesma forma que a trajetória de uma bola de bilhar é o prolongamento do gesto executado pelo braço do jogador". Se falo da mãe, não é portanto para fazer uma lista de informações sobre Tereza, mas porque a mãe é seu tema principal, porque Tereza é o "prolongamento de sua mãe" e sofre com isso. Nós sabemos também que ela tem seios pequenos com "aréolas muito grandes e muito escuras em torno dos mamilos" como se tivessem sido pintadas por "um pintor popular qualquer que pintasse imagens obscenas para os pobres"; essa informação é indispensável porque seu corpo é um outro grande tema de Tereza. Em compensação, no que diz respeito a Tomas, seu marido, eu não conto nada de sua infância, nada de seu pai, de sua mãe, de sua família, e seu corpo com seu rosto permanecem para nós inteiramente desconhecidos porque a essência de sua problemática existencial está enraizada em outros temas. Essa ausência de informações não o torna menos "vivo". Pois tornar um personagem "vivo" significa: ir até o fim de sua problemática existencial. O que significa: ir até o fim de algumas situações, de alguns motivos, até mesmo de algumas palavras com que ele é moldado. Nada mais.

C. S.: Sua concepção do romance poderia portanto ser definida como uma meditação poética sobre a existência. No entanto, seus romances nem sempre foram compreendidos dessa maneira. Encontramos neles muitos acontecimentos políticos que alimentaram uma interpretação sociológica, histórica ou ideológica. Como você concilia seu interesse pela história da sociedade e sua convicção de que o romance examina antes de tudo o enigma da existência?

M. K.: Heidegger caracteriza a existência por uma fórmula superconhecida: *in-der-Welt-sein*, estar-no--mundo. O homem não se relaciona com o mundo como um sujeito com o objeto, como o olho com o quadro; nem mesmo como um ator no cenário de um palco. O homem e o mundo estão ligados como o caramujo e sua concha: o mundo faz parte do homem, ele é sua dimensão e, à medida que o mundo muda, a existência (*in-der--Welt-sein*) muda também. Depois de Balzac, o *Welt* de nosso ser tem o caráter histórico, e as vidas dos personagens se desenrolam num espaço de tempo balizado com datas. O romance não poderá nunca mais desfazer-se dessa herança de Balzac. Mesmo Gombrowicz, que inventa histórias fantasistas improváveis, que viola todas as regras de verossimilhança, não escapa disso. Seus romances são situados num tempo preciso e perfeitamente histórico. Mas não se devem confundir duas coisas: existe de um lado o romance que examina a *dimensão histórica da existência humana*, e do outro lado o romance que é a *ilustração de uma situação histórica*, a descrição de uma sociedade num dado momento, uma historiografia romanceada. Você conhece todos aqueles romances escritos sobre a Revolução Francesa, sobre Maria Antonieta, ou então sobre 1914, sobre a coletivização na União Soviética (a favor ou contra), ou sobre o ano de 1984; tudo isso são romances de vulgarização que traduzem um conhecimento não romanesco na linguagem do romance. Ora, eu nunca deixarei de repetir que a única razão de ser do romance é dizer aquilo que apenas o romance pode dizer.

C. S.: Mas o que o romance pode dizer de específico sobre a História? Ou então: qual é sua maneira de tratar a História?

M. K.: Eis alguns dos meus princípios. Primeiro: todas as circunstâncias históricas eu trato com uma economia máxima. Eu me comporto em relação à História como o cenógrafo que monta uma cena abstrata com alguns objetos indispensáveis à ação.

Segundo princípio: entre as circunstâncias históricas não guardo senão aquelas que criam para meus personagens uma situação existencial reveladora. Exemplo: em *A brincadeira*, Ludvik vê todos os seus amigos e condiscípulos levantarem a mão para votar, sem qualquer relutância, sua exclusão da universidade e, desse modo, mudar sua vida. Fica certo de que eles seriam capazes, se necessário, de votar com a mesma facilidade pelo seu enforcamento. Daí sua definição do homem: um ser capaz em qualquer situação de condenar à morte o seu próximo. A experiência antropológica fundamental de Ludvik tem portanto raízes históricas, mas a descrição da própria História (o papel do Partido, as raízes políticas do terror, a organização das instituições sociais etc.) não me interessa, e você não a encontrará no romance.

Terceiro princípio: a historiografia escreve a história da sociedade, não a do homem. É por isso que os acontecimentos históricos de que falam meus romances são muitas vezes esquecidos pela historiografia. Exemplo: nos anos que se seguiram à invasão russa da Tchecoslováquia em 1968, o terror contra a população foi precedido por massacres, oficialmente organizados, de cães. Episódio totalmente esquecido e sem importância para um historiador, para um politicólogo, mas de um supremo significado antropológico! Não foi senão por esse único episódio que sugeri o clima histórico de *A valsa do adeus*. Um outro exemplo: no momento decisivo de *A vida está em outro lugar*, a História intervém sob a forma de uma cueca deselegante e feia; não se encontravam outras na época; diante da mais bela ocasião erótica de sua vida, Jaromil, temendo ficar ridículo de cueca, não ousa tirar a roupa e foge. A deselegância! Outra circunstância histórica esquecida e no entanto tão importante para quem era obrigado a viver sob o regime comunista.

Mas é o quarto princípio que vai mais longe: não apenas a circunstância histórica deve criar uma nova situação existencial para um personagem de romance, mas a História deve em *si mesma* ser compreendida e analisada como situação existencial. Exemplo: em *A insustentável leveza do ser,* Alexandre Dubcek, depois de ter sido detido pelo exército russo, raptado, preso, ameaçado, obrigado a negociar com Brejnev, volta para Praga. Ele fala no rádio, mas não pode falar, procura respirar, faz pausas atrozes entre as frases. O que revela para mim esse episódio histórico (aliás completamente esquecido pois, duas horas depois, os técnicos da rádio foram obrigados a cortar as penosas pausas de seu discurso) é a *fraqueza.* A fraqueza como categoria generalizada da existência: "Qualquer homem é fraco quando se vê diante de uma força superior, mesmo que tenha um corpo atlético como o de Dubcek". Tereza não pode suportar o espetáculo dessa fraqueza que a repugna e humilha e prefere emigrar. Mas diante das infidelidades de Tomas, ela é como Dubcek diante de Brejnev: desarmada e frágil. E você sabe o que é a vertigem: é ficar embriagado com sua própria fraqueza, é o desejo irresistível de cair. Tereza subitamente compreende "que fazia parte dos fracos, do lado dos fracos, do país dos fracos, e que deveria ser fiel a eles, justamente porque eram fracos e procuravam recobrar o fôlego entre as frases". E, embriagada com sua fraqueza, ela deixa Tomas e volta para Praga, para a "cidade dos fracos". A situação histórica aqui não é um pano de fundo, um cenário diante do qual as situações humanas se desenrolam, mas é em si mesma uma situação humana, uma situação existencial em desenvolvimento.

Assim também a primavera de Praga em *O livro do riso e do esquecimento* não é descrita em sua dimensão político-histórico-social, mas como uma das situações existenciais fundamentais: o homem (uma geração de homens) age (faz uma revolução), mas seu ato lhe escapa, não lhe obedece mais (a revolução reprime, assassina, destrói), ele faz tudo para retomar e domar esse ato desobediente (a geração funda um movimento oposicionista, reformador), mas em vão. Não se pode nunca retomar o ato que uma vez nos escapou.

C. S.: O que nos lembra a situação de *Jacques, o fatalista* de que nos falou no começo.

M. K.: Mas, dessa vez, trata-se de uma situação coletiva, histórica.

C. S.: Para compreender seus romances, é importante conhecer a história da Tchecoslováquia?

M. K.: Não. Tudo aquilo que é preciso saber o romance mesmo diz.

C. S.: A leitura dos romances não supõe algum conhecimento histórico?

M. K.: Existe a história da Europa. Desde o ano mil até nossos dias, ela não é senão uma só aventura comum. Nós fazemos parte dela, e todas as nossas ações, individuais ou nacionais, não revelam seu significado decisivo, a não ser que as situemos em relação a ela. Posso compreender *Dom Quixote* sem conhecer a história da Espanha. Não posso compreendê-lo sem ter uma ideia, por mais global que seja, da aventura histórica da Europa, de sua época cavalheiresca por exemplo, do amor cortês, da passagem da Idade Média para a época dos tempos modernos.

C. S.: Em *A vida está em outro lugar*, cada fase da vida de Jaromil é confrontada com fragmentos da biografia de Rimbaud, de Keats, de Lermontov etc. O desfile de 1º de maio em Praga se confunde com as manifestações estudantis de maio de 68 em Paris. Assim você cria para seu herói um vasto palco que engloba toda a Europa. No entanto, seu romance se passa em Praga. Ele culmina no momento do *putsch* comunista de 1948.

M. K.: Para mim, é o romance da revolução europeia como tal, na sua forma condensada.

C. S.: Revolução europeia, esse *putsch*? Importada, ainda mais, de Moscou?

M. K.: Por mais inautêntico que tenha sido, esse *putsch* foi vivido como uma revolução. Com toda a sua retórica, suas ilusões, seus reflexos, seus gestos, seus crimes, ele me aparece hoje como uma condensação de paródia da tradição revolucionária europeia. Como o prolongamento e a realização grotesca da época das revoluções europeias. Do mesmo modo que Jaromil, herói desse romance, "prolongamento" de Victor Hugo e de Rimbaud, é a realização grotesca da poesia europeia. Jaroslav, de *A brincadeira*, prolonga a história milenar da arte popular na época em que ela está desaparecendo. O doutor Havel, em *Risíveis amores*, é um Dom Juan no momento em que o dom-juanismo não é mais possível. Franz, em *A insustentável leveza do ser*, é o último eco melancólico da Grande Marcha da esquerda europeia. E Tereza, numa cidade perdida da Boêmia, afasta-se não apenas de toda a vida pública de seu país mas "do caminho no qual a humanidade, 'senhora e proprietária' da natureza, continua sua marcha para a frente". Todos esses personagens realizam não apenas sua história pessoal mas também, além disso, a história suprapessoal das aventuras europeias.

C. S.: O que quer dizer que seus romances se situam no último ato dos tempos modernos que você chama de "período dos paradoxos terminais".

M. K.: Que seja. Mas evitemos um mal-entendido. Quando escrevi a história de Havel em *Risíveis amores*, eu não tinha a intenção de falar de um Dom Juan da época em que a aventura do dom-juanismo termina. Escrevi uma história que me pareceu engraçada. Só isso. Todas essas reflexões sobre os paradoxos terminais etc. não precederam meus romances mas procederam deles. Foi escrevendo *A insustentável leveza do ser*, inspirado por todos os meus personagens que de certo modo se retiram do mundo, que pensei no destino da famosa fórmula de Descartes: o homem "senhor e dono da natureza". Depois de ter conseguido milagres nas ciências e na técnica, esse "senhor e dono" se dá conta subitamente de que não possui nada e não é senhor nem da natureza (ela se retira, pouco a pouco, do planeta) nem da História (ela lhe escapou) nem de si mesmo (ele é guiado pelas forças irracionais de sua alma). Mas se Deus foi embora e o homem não é mais senhor, quem então é senhor? O planeta caminha no vazio sem nenhum senhor. Eis a insustentável leveza do ser.

C. S.: No entanto, não é uma miragem egocêntrica ver na época presente o momento privilegiado, o mais importante de todos, a saber, o momento do fim? Quantas vezes a Europa já acreditou viver seu fim, seu apocalipse!

M. K.: A todos os paradoxos terminais, acrescente ainda esse do próprio fim em si mesmo. Quando um fenômeno anuncia, de longe, seu próximo desaparecimento, nós somos muitos a sabê-lo e, eventualmente, a lamentá-lo. Mas quando a agonia chega a seu fim, nós olhamos adiante. A morte se torna invisível. Já há algum tempo que o riacho, o rouxinol, os caminhos atravessando os prados desapareceram da cabeça do homem. Ninguém mais precisa disso. Quando a natureza desaparecer amanhã do planeta, quem perceberá? Onde estão os sucessores de Octavio Paz, de René Char? Onde estão ainda os grandes poetas? Desapareceram ou suas vozes se tornaram inaudíveis? Em todo caso, imensa mudança na nossa Europa impensável outrora sem poetas. Mas se o homem perdeu a necessidade de poesia, perceberá ele seu desaparecimento? O fim não é uma explosão apocalíptica. Talvez não exista nada tão pacífico quanto o fim.

C. S.: Digamos que sim. Mas se alguma coisa está desaparecendo, podemos supor que alguma outra coisa está começando.

M. K.: Certamente.

C. S.: Mas o que é que está começando? Não se vê isso em seus romances. Daí esta dúvida: você não vê apenas um lado de nossa situação histórica?

M. K.: É possível, mas não é tão grave assim. Na verdade é preciso compreender o que é o romance. Um historiador conta acontecimentos que se passaram. Por outro lado, o crime de Raskolnikov nunca existiu. O romance não examina a realidade mas sim a existência. A existência não é o que aconteceu, a existência é o campo das possibilidades humanas, tudo aquilo que o homem pode tornar-se, tudo aquilo de que é capaz. Os romancistas desenham o *mapa da existência* descobrindo esta ou aquela possibilidade humana. Mas uma vez mais: existir, isso quer dizer: "ser-no-mundo". É preciso portanto compreender o personagem e seu mundo como *possibilidades*. Em Kafka, tudo isso é claro: o mundo kafkiano não se parece com nenhuma realidade conhecida, ele é uma *possibilidade extrema e não realizada* do mundo humano. É verdade que essa possibilidade transparece por trás de nosso mundo real e parece representar de antemão nosso futuro. É por isso que se fala da dimensão profética de Kafka. Mas mesmo que seus romances não tivessem nada de profético, eles não perderiam seu valor, pois eles apreendem uma possibilidade da existência (possibilidade do homem e de seu mundo) e assim nos fazem ver o que somos, de que somos capazes.

C. S.: Mas seus romances são situados num mundo perfeitamente real!

M. K.: Lembre-se de *Os sonâmbulos*, de Broch, trilogia que abrange trinta anos da História europeia, claramente definida por Broch como uma perpétua *degradação dos valores*. Os personagens estão presos nesse processo como numa gaiola e devem encontrar o comportamento adequado a esse desaparecimento progressivo dos valores comuns. Broch estava, é claro, convencido da exatidão de seu julgamento histórico, em outras palavras, convencido de que a possibilidade do mundo que ele pintava era uma possibilidade realizada. Mas tentemos imaginar que ele se enganou, e que paralelamente a esse processo de degradação um outro processo estava em marcha, evolução positiva que Broch não era capaz de ver. Isso teria mudado alguma coisa do valor de *Os sonâmbulos*? Não. Pois o processo de degradação dos valores é uma possibilidade indiscutível do mundo humano. Compreender o homem lançado no turbilhão desse processo, compreender seus gestos, suas atitudes, é só isso que importa. Broch descobriu um território desconhecido da existência. Território da existência quer dizer: possibilidade da existência. Que essa possibilidade se transforme ou não em realidade é secundário.

C. S.: A época dos paradoxos terminais em que seus romances estão situados deve portanto ser considerada não como uma realidade mas como uma possibilidade?

M. K.: Uma possibilidade da Europa. Uma visão possível da Europa. Uma situação possível do homem.

C. S.: Mas se você tenta apreender uma possibilidade e não uma realidade, por que levar a sério a imagem

que você oferece, por exemplo, de Praga e dos acontecimentos que ali se passaram?

M. K.: Se o autor considera uma situação histórica
como uma possibilidade inédita e reveladora do mundo
humano, ele vai querer descrevê-la tal qual é. Não importa que a fidelidade à realidade histórica seja coisa se-
cundária em relação ao valor do romance. O romancista
não é nem historiador nem profeta: ele é explorador da
existência.

TERCEIRA PARTE
Anotações inspiradas por
Os sonâmbulos

COMPOSIÇÃO

Trilogia composta de três romances: *Pasenow ou o romantismo*; *Esch ou a anarquia*; *Huguenau ou o realismo*. A história de cada romance se desenrola quinze anos depois da história do precedente: 1888; 1903; 1918. Nenhum romance está ligado ao outro por um laço causal: cada um tem seu próprio círculo de personagens e está construído a sua própria maneira, que não se assemelha à dos outros dois.

É verdade que Pasenow (protagonista do primeiro romance) e Esch (protagonista do segundo romance) estão em cena no terceiro romance, e que Bertrand (personagem do primeiro romance) desempenha um papel no segundo romance. Entretanto, a história que Bertrand viveu no primeiro romance (com Pasenow, Ruzena, Elisabeth) está totalmente ausente do segundo romance, e o Pasenow do terceiro romance não traz em si a menor lembrança de sua juventude (tratada no primeiro romance).

Existe portanto uma diferença radical entre *Os sonâmbulos* e os outros grandes painéis do século xx (de Proust, de Musil, de Thomas Mann etc.): não é nem a continuidade da ação nem a da biografia (de um personagem, de uma família) que, em Broch, fundamenta a unidade do conjunto. É uma outra coisa, menos visível, menos tangível, secreta: a continuidade do mesmo *tema* (o do homem confrontado com o processo de degradação dos valores).

POSSIBILIDADES

Quais são as possibilidades do homem na armadilha em que o mundo se transformou?

A resposta exige que se tenha primeiro uma certa ideia do que é o mundo. Que se tenha dele uma hipótese ontológica.

O mundo segundo Kafka: o universo burocratizado. O escritório não como um fenômeno social entre outros, mas como a essência do mundo.

É nisso que se acha a semelhança (semelhança curiosa, inesperada) entre o hermético Kafka e o popular Hasek. Em *O bravo soldado Chveik,* Hasek não descreve o exército (à maneira de um realista, um crítico social) como uma esfera da sociedade austro-húngara, mas como versão moderna do mundo. Tal como a justiça de Kafka, o exército de Hasek não passa de uma imensa instituição burocratizada, um exército-administração em que as antigas virtudes militares (coragem, astúcia, destreza) não valem mais nada.

Os burocratas militares de Hasek são tolos; a lógica tão pedante quanto absurda dos burocratas de Kafka não tem, também, nenhuma sensatez. Em Kafka, velada por um manto de mistério, a tolice adquire ar de uma parábola metafísica. Ela intimida. Em seus procedimentos, em suas palavras ininteligíveis, Joseph K. se empenhará em decifrar um sentido, a qualquer preço. Pois se é terrível ser condenado à morte, é totalmente insuportável ser condenado por nada, como um mártir do sem sentido. K. aceitará então sua culpabilidade e procurará sua falta. No último capítulo, protegerá seus dois carrascos do olhar dos policiais municipais (que o teriam podido salvar) e, alguns segundos antes de sua morte, se recriminará por não ter bastante força para ele mesmo se degolar e lhes poupar o trabalho sujo.

Chveik se encontra justamente no oposto de K. Imita o mundo que o rodeia (o mundo da tolice) de modo tão perfeitamente sistemático que ninguém pode saber se ele é ou não realmente idiota. Se ele se adapta tão facilmente (e com que prazer!) à ordem reinante não é porque veja nela um sentido, mas porque não vê mesmo sentido algum. Diverte-se, diverte os outros e, pelos sobrelanços de seu conformismo, transforma o mundo em uma única e enorme piada.

(Nós, que conhecemos a versão totalitária, comunista, do mundo moderno, sabemos que essas duas atitudes, aparentemente artificiais, literárias, excessivas, são apenas muito reais; vivemos no espaço limitado de um lado pela possibilidade de K., do outro pela possibilidade de Chveik; o que significa: no espaço em que um polo é a identificação com o poder até a solidariedade da vítima com seu próprio carrasco, o outro polo, a não aceitação do poder pela recusa de levar a sério o que quer que seja;

o que significa: nós vivemos no espaço entre o absoluto da seriedade — K. — e o absoluto da não seriedade — Chveik.)

E quanto a Broch? Qual é sua hipótese ontológica?

O mundo é o processo de degradação dos valores (valores provenientes da Idade Média), processo que se estende pelos quatro séculos dos tempos modernos e que é a essência deles.

Quais são as possibilidades do homem perante esse processo?

Broch descobre três: possibilidade Pasenow, possibilidade Esch, possibilidade Huguenau.

POSSIBILIDADE PASENOW

O irmão de Joachim Pasenow morreu em um duelo. O pai diz: "Ele tombou pela honra". Essas palavras se gravam para sempre na memória de Joachim.

Mas seu amigo, Bertrand, se espanta: como é que, na época dos trens e das fábricas, dois homens podem se erguer, hirtos, um diante do outro, com o braço estendido, o revólver na mão?

A respeito disso, Joachim diz a si mesmo: Bertrand não tem nenhum sentimento de honra.

E Bertrand prossegue: os sentimentos resistem à evolução do tempo. São um fundo indestrutível de conservantismo. Um resíduo atávico.

Ora, o apego sentimental aos valores herdados, a seu resíduo atávico, é a atitude de Joachim Pasenow.

Pasenow é introduzido em função de seu uniforme. Antigamente, explica o narrador, a Igreja, como juiz supremo, dominou o homem. A veste do padre era sinal do poder supraterreno, enquanto o uniforme do oficial, a toga do magistrado representavam a coisa profana. À medida que a influência mágica da Igreja se apagava, o uniforme substituía o hábito sacerdotal e se elevava ao nível do absoluto.

O uniforme é o que não escolhemos, o que nos é determinado; a certeza do universal diante da precariedade do individual. Quando os valores, antigamente tão seguros, são questionados e se afastam, de cabeça baixa, aquele que não sabe viver sem eles (sem fidelidade, sem família, sem pátria, sem disciplina, sem amor) se cinge na universalidade de seu uniforme até o último botão, como se esse uniforme ainda fosse o último vestígio da transcendência capaz de protegê-lo contra o frio do futuro, onde não haverá mais nada a respeitar.

A história de Pasenow culmina durante sua noite de núpcias. Sua mulher, Elisabeth, não o ama. Ele nada vê a sua frente senão o futuro do não amor. Deita-se ao lado dela sem se despir. Isso "tinha desarrumado um pouco seu uniforme, as fraldas caídas deixavam ver a calça preta, mas, logo que Joachim o notou, restabeleceu bem rápido a ordem e cobriu o local. Tinha dobrado as pernas e, para não tocar os lençóis com suas botas de verniz, mantinha com grande dificuldade os pés sobre a cadeira ao lado da cama".

POSSIBILIDADE ESCH

Os valores provenientes do tempo em que a Igreja dominava inteiramente o homem estavam há muito abalados mas, para Pasenow, seu conteúdo ainda estava claro. Não duvidava do que era sua pátria, sabia a quem devia ser fiel e quem era o seu Deus.

Diante de Esch, os valores se encobrem. Ordem, fidelidade, sacrifício, essas palavras lhe são caras, mas o que representam realmente? A quem se sacrificar? Que ordem exigir? Ele não sabe.

Se um valor perdeu seu conteúdo concreto, o que resta dele? Nada, a não ser uma forma vazia; um imperativo sem resposta mas que, com mais furor, exige ser ouvido e obedecido. Quanto menos Esch sabe o que quer, mais furiosamente ele o quer.

Esch: fanatismo da época sem Deus. Visto que todos os valores são velados, tudo pode ser considerado como valor. A justiça, a ordem, ele as procura uma vez na luta sindical, outra vez na religião, hoje no poder policial, amanhã na miragem da América, para onde sonha emigrar. Poderia ser um terrorista, mas também um terrorista arrependido que denuncia seus camaradas, o militante de um partido, o membro de uma seita, mas também um camicase pronto a sacrificar sua vida. Todas as paixões que castigam na História sangrenta de nosso século estão contidas, desmascaradas, diagnosticadas e terrivelmente iluminadas em sua modesta aventura.

Ele está descontente em seu escritório, discute, está mudado. É assim que começa sua história. A causa de toda a desordem que o irrita é, segundo ele, um certo Nentwig, um contador. Deus sabe por que logo ele. Apesar disso está decidido a ir denunciá-lo à polícia. Não é esse o seu dever? Não é o serviço a prestar a todos os que desejam, como ele, a justiça e a ordem?

Mas um dia, num cabaré, Nentwig, que não desconfia de nada, o convida amavelmente para sua mesa e lhe oferece uma bebida. Esch, desamparado, se esforça para se lembrar do erro de Nentwig, mas esse "estava agora tão bizarramente impalpável e impreciso que Esch teve imediatamente consciência do absurdo de seu projeto e, com um gesto desajeitado, um pouco envergonhado mesmo, se apossou de seu copo".

O mundo se divide diante de Esch em reino do Bem e reino do Mal, entretanto, infelizmente, o Bem e o Mal são igualmente não identificáveis (basta encontrar Nentwig e não se sabe mais quem é bom e quem é mau). Nesse carnaval de máscaras que é o mundo, somente Bertrand levará até o fim o estigma do Mal no rosto, pois seu erro não deixa dúvida: ele é homossexual; perturbador da ordem divina. No início do romance, Esch está prestes a denunciar Nentwig, no fim ele põe na caixa de correio uma denúncia escrita contra Bertrand.

POSSIBILIDADE HUGUENAU

Esch denunciou Bertrand. Huguenau denuncia Esch. Esch quis com isso salvar o mundo. Huguenau quer com isso salvar sua carreira.

No mundo sem valores comuns, Huguenau, arrivista inocente, sente-se maravilhosamente à vontade. A ausência de imperativos morais é sua liberdade, sua libertação.

Existe um profundo significado no fato de que é ele que, aliás sem o menor sentimento de culpa, assassina Esch. Porque "o homem pertencente a uma associação mais restrita de valores aniquila o homem pertencente a uma associação de valores mais ampla mas em vias de dissolução; o maior miserável sempre assume o papel de carrasco no processo de degradação dos valores e, no dia em que as trombetas do Juízo ecoam, é o homem isento de valores que se torna o carrasco de um mundo que se condenou a si mesmo".

Os tempos modernos, no espírito de Broch, são a ponte que leva do reino da fé irracional ao reino do irracional no mundo sem fé. O homem cuja silhueta se delineia na extremidade dessa ponte é Huguenau. Assassino feliz, não culpável. O fim dos tempos modernos em sua versão eufórica.

K., Chveik, Pasenow, Esch, Huguenau: cinco possibilidades fundamentais, cinco pontos de orientação sem os quais me parece impossível desenhar o mapa existencial de nosso tempo.

SOB OS CÉUS DOS SÉCULOS

Os planetas que giram nos céus dos tempos modernos se refletem, sempre em uma constelação específica, na alma de um indivíduo; é por essa constelação que a situação de um personagem, o sentido de seu ser se definem.

Broch fala de Esch e, de repente, o compara a Lutero. Os dois pertencem à categoria (Broch a analisa longamente) dos rebeldes. "Esch é rebelde como Lutero o era." Temos o hábito de procurar as raízes de um personagem em sua infância. As raízes de Esch (cuja infância permanecerá desconhecida para nós) se acham em um outro século. O passado de Esch é Lutero.

Para compreender Pasenow, esse homem de uniforme, Broch teve de situá-lo no meio do longo processo histórico durante o qual o uniforme profano tomava o lugar do hábito de padre; de imediato, acima desse pobre oficial, a abóbada celeste dos tempos modernos se iluminou em toda a sua extensão.

Em Broch, o personagem não foi concebido como uma unicidade inimitável e passageira, um segundo miraculoso predestinado a desaparecer, mas como uma sólida ponte erguida acima do tempo, onde Lutero e Esch, o passado e o presente, se encontram.

É menos por sua filosofia da História que por essa nova maneira de ver o homem (vê-lo sob a abóbada celeste dos séculos) que Broch, em seus *Sonâmbulos*, prefigurou, parece-me, as possibilidades futuras do romance.

Sob essa iluminação brochiana eu li *Doutor Fausto*, de Thomas Mann, romance que se debruça não somente sobre a vida de um compositor chamado Adrian Leverkühn, mas também sobre vários séculos de música alemã. Adrian não é apenas compositor, é o compositor que termina a história da música (sua maior composição se chama *O apocalipse*). Ele não é somente o último compositor (por sinal, o autor do *Apocalipse*), é também Fausto. Com os olhos fixos sobre o diabolismo de sua nação (ele escreveu esse romance no fim da Segunda Guerra Mundial), Thomas Mann pensa no contrato que o homem mítico, encarnação do espírito alemão, celebrara com o diabo. Toda a história de seu país surge bruscamente como a única aventura de um só personagem: de um só Fausto.

Sob a luz brochiana, li *Terra nostra*, de Carlos Fuentes, em que toda a grande aventura hispânica (europeia e americana) é apreendida numa incrível interpenetração, numa incrível deformação onírica. O princípio de Broch, *Esch é como Lutero*, se transformou em Fuentes num princípio mais radical: *Esch é Lutero*. Fuentes nos fornece a chave de seu método: "É preciso várias vidas para fazer uma só pessoa". A velha mitologia da reencarnação se materializa em uma técnica romanesca que faz de *Terra nostra* um imenso e estranho sonho em que a História é feita e percorrida sempre pelos mesmos personagens, incessantemente reencarnados. O próprio Ludovico, que descobriu no México um continente até então desconhecido, se encontrará, alguns séculos mais tarde, em Paris, com a mesma Celestine que, dois séculos antes, era a amante de Filipe II. *Et cætera.*

É no momento do fim (fim de um amor, fim de uma vida, fim de uma época) que o tempo passado se revela de repente como um todo e reveste uma forma luminosamente clara e acabada. O momento do fim, para Broch, é Huguenau; para Mann, é Hitler. Para Fuentes, é a fronteira mítica de dois milênios; desse observatório imaginário, a História, a anomalia europeia, a mancha na pureza do tempo, aparece como já terminada, abandonada, isolada e, de súbito, tão modesta, tão comovente quanto uma pequena história individual que será esquecida no dia seguinte.

Com efeito, se Lutero é Esch, a história que leva de Lutero a Esch não passa da biografia de uma só pessoa: Martinho Lutero-Esch. E toda a História só é a história de alguns personagens (de um Fausto, de um Dom Juan, de um Dom Quixote, de um Rastignac, de um Esch) que atravessaram juntos os séculos da Europa.

PARA ALÉM DA CAUSALIDADE

Na propriedade de Lévine, um homem e uma mulher se encontram, dois seres solitários, melancólicos. Eles se gostam e desejam, secretamente, unir suas vidas.

Esperam apenas a ocasião de se acharem a sós por um momento e de dizê-lo. Um dia, afinal, se encontram, sem testemunhas, em um bosque aonde foram colher cogumelos. Confusos, calam-se, sabendo que o momento chegou e que não devem deixá-lo escapar. Quando o silêncio já dura muito, a mulher, subitamente, "contra sua vontade, de modo inopinado", começa a falar de cogumelos. Depois, há ainda um silêncio, o homem procura as palavras para sua declaração, mas, em vez de falar de amor, "devido a um inesperado impulso"... ele também fala sobre cogumelos. No caminho de volta, continuam a falar de cogumelos, impotentes e desesperados, pois jamais, sabem, jamais se falarão de amor.

De regresso, o homem diz a si mesmo que não falou de amor por causa de sua falecida amante, de quem não podia trair a lembrança. Contudo, nós o sabemos bem: é uma razão falsa que ele invoca somente para se consolar. Consolar-se? Sim. Visto que se resigna a perder um amor por uma razão. Não se perdoará jamais de tê-lo perdido sem nenhuma razão.

Esse pequeno episódio muito bonito é como a parábola de uma das maiores proezas de *Anna Kariênina*: o esclarecimento do aspecto a-causal, incalculável, até mesmo misterioso, da ação humana.

O que é a ação: eterna questão do romance, sua questão, por assim dizer, constitutiva. Como nasce uma decisão? Como se transforma em ato e como os atos se encadeiam para vir a ser aventura?

Da matéria estranha e caótica da vida, os antigos romancistas tentaram abstrair o fio de uma límpida racionalidade; em sua óptica, o motivo racionalmente tangível faz nascer o ato, esse provoca um outro. A aventura é o encadeamento, luminosamente causal, dos atos.

Werther ama a mulher de seu amigo. Não pode trair o amigo, não pode renunciar a seu amor, por conseguinte, mata-se. O suicídio transparente como uma equação matemática.

Mas por que Anna Kariênina se suicida?

O homem que, em vez de amor, falou de cogumelos quer acreditar que era por causa de seu apego à bem-amada desaparecida. As razões que podemos encontrar para o ato de Anna seriam do mesmo tipo. Realmente, as pessoas lhe demonstravam desprezo, mas ela não podia, por sua vez, desprezá-las? Impediam-na de ir ver seu filho, mas era uma situação inapelável, sem saída? Vronski já estava um pouco desencantado, mas, apesar de tudo, não continuava a amá-la?

Aliás, Anna não foi à estação para se matar. Foi buscar Vronski. Ela se joga debaixo do trem sem ter tomado a decisão. Foi antes a decisão que tomou Anna. Que a surpreendeu. Como o homem que, em vez de amor, falava de cogumelos, Anna agiu "devido a um impulso inesperado". O que não quer dizer que seu ato seja desprovido de sentido. Apenas esse sentido se acha além da causalidade racionalmente palpável. Tolstói teve de utilizar (pela primeira vez na história do romance) o monólogo interior quase joyciano para restituir o tecido sutil dos impulsos fugidios, das sensações passageiras, das reflexões fragmentárias, a fim de nos fazer ver o encaminhamento suicida da alma de Anna.

Com Anna, estamos longe de Werther, longe também de Kirilov. Esse se mata porque interesses total e claramente definidos, intrigas nitidamente descritas, o levaram a tal. Seu ato, embora louco, é racional, consciente, meditado, premeditado. O caráter de Kirilov é inteiramente baseado em sua estranha filosofia do suicídio, e seu ato não é senão o prolongamento perfeitamente lógico de suas ideias.

Dostoiévski apreendeu a loucura da razão que, em sua obstinação, quer atingir o extremo de sua lógica. O campo de exploração de Tolstói se encontra no oposto: ele desvenda as intervenções do ilógico, do irracional. Foi por isso que falei dele. A referência a Tolstói situa Broch no contexto de uma das grandes explorações do romance europeu: a exploração do papel que o irracional desempenha em nossas decisões, em nossa vida.

AS CONFUSÕES

Pasenow frequenta uma prostituta tcheca chamada Ruzena, mas seus pais preparam seu casamento com uma jovem de seu meio: Elisabeth. Pasenow não lhe tem o menor amor, embora ela o atraia. Na verdade, o que o atrai não é ela, mas tudo o que ela *representa* para ele.

Quando vai vê-la pela primeira vez, as ruas, os jardins, as casas do bairro onde ela mora irradiam "uma grande segurança insular"; a casa de Elisabeth o acolhe com feliz atmosfera, "toda de segurança e de doçura, sob a égide da amizade" que, um dia, "se transformará em amor" para que "o amor, por sua vez, um dia, se extinga em amizade". O valor que Pasenow deseja (a segurança amigável de uma família) se apresenta a ele antes que ele veja aquela que deverá se tornar (a sua revelia e contra sua natureza) portadora desse valor.

Ele está sentado na igreja de sua aldeia natal e, de olhos fechados, imagina a Sagrada Família sobre uma nuvem prateada tendo, no meio, a indizivelmente bela Virgem Maria. Ainda criança, se extasiava, na mesma igreja, com a mesma imagem. Na época, amava uma empregada polonesa da granja de seu pai e, em seu devaneio, a confundia com a Virgem, imaginando-se sentado sobre esses belos joelhos, joelhos da Virgem transformada em empregada. Ora, nesse dia, de olhos fechados, vê de novo a Virgem e, súbito, constata que seus cabelos são louros! Sim, Maria tem os cabelos de Elisabeth! Está surpreso com isso, isso o impressionou! Parece-lhe que, por intermédio desse devaneio, o próprio Deus o faz saber que Elisabeth, que ele não ama, é de fato seu verdadeiro e único amor.

A lógica irracional é fundamentada sobre o mecanismo da confusão: Pasenow tem um lastimável senso do real; a causa dos acontecimentos lhe escapa; jamais saberá o que se esconde por trás do olhar dos outros; entretanto, embora disfarçado, irreconhecível, a-causal, o mundo exterior não é mudo: ele lhe fala. É como no célebre poema de Baudelaire em que "longos ecos [...] se confundem", em que "os perfumes, as cores e os sons se respondem": uma coisa se aproxima de outra, se confunde com ela (Elisabeth se confunde com a Virgem) e assim, por essa aproximação, explica-se.

Esch é amante do absoluto. "Só se pode amar uma vez" é sua divisa e, desde que a sra. Hentjen o ama, ela não pode ter amado (segundo a lógica de Esch) seu primeiro marido falecido. Esse, consequentemente, abusou dela e não passou de um sujo. Sujo como Bertrand. Pois os representantes do mal são permutáveis. Eles se confundem. Não passam de manifestações diversas da mesma essência. É no momento em que Esch passa os olhos pelo retrato do sr. Hentjen na parede que o pensamento lhe atravessa a mente: ir imediatamente denunciar Bertrand à polícia. Pois se Esch fere Bertrand, é como se atingisse o primeiro marido da sra. Hentjen, é como se nos livrasse, a todos, de uma pequena porção do mal comum.

AS FLORESTAS DE SÍMBOLOS

É preciso ler atentamente, devagar, *Os sonâmbulos*, parar nas ações tão ilógicas quanto compreensíveis para ver uma *ordem* oculta, subterrânea, sobre a qual as decisões de um Pasenow, de uma Ruzena, de um Esch se baseiam. Esses personagens não são capazes de enfrentar a realidade como coisa concreta. Diante de seus olhos tudo se move como símbolos (Elisabeth como símbolo da quietude familiar, Bertrand como símbolo do inferno) e é aos símbolos que eles reagem quando pensam agir sobre a realidade.

Broch nos faz compreender que é o sistema das confusões, o sistema do *pensamento simbólico*, que está na base de todo comportamento, tanto individual como coletivo. Basta examinar nossa própria vida para ver a que ponto esse sistema irracional, bem mais que uma reflexão da razão, desvia nossas atitudes: esse homem evocando, para mim, por sua paixão pelos peixes de aquário, um outro que, outrora, me causou uma horrível desgraça, provocará sempre em mim uma insuperável desconfiança...

O sistema irracional não domina menos a vida política: a Rússia comunista com a última guerra mundial ganhou ao mesmo tempo a guerra dos símbolos: ao imenso exército dos Esch tão ávidos de valores quanto incapazes de distingui-los, ela conseguiu, pelo menos por meio século, espalhar os símbolos do Bem e do Mal.

É por isso que, na consciência europeia, o gulag jamais poderá ocupar o lugar do nazismo como símbolo do Mal absoluto. É por isso que nos manifestamos maciçamente, espontaneamente, contra a guerra no Vietnã e não contra a guerra no Afeganistão. Vietnã, colonialismo, racismo, imperialismo, fascismo, nazismo, todas essas palavras se correspondem como as cores e os sons no poema de Baudelaire, enquanto a guerra no Afeganistão é, por assim dizer, *simbolicamente muda*, em todo caso além do círculo mágico do Mal absoluto, gêiser de símbolos.

Penso também nessas hecatombes cotidianas nas estradas, nessa morte que é tão pavorosa quanto banal e que não se assemelha nem ao câncer nem à aids pois, obra não da natureza mas do homem, é uma morte quase voluntária. Como não nos espanta, não abala nossa vida, não nos incita a grandes reformas? Não, ela não nos espanta pois, como Pasenow, temos um frágil senso do real, e essa morte, dissimulada sob a máscara de um belo carro, representa, efetivamente, na esfera surreal dos símbolos, a vida; sorridente, ela se confunde com a modernidade, a liberdade, a aventura, como Elisabeth se confundia com a Virgem. A morte dos condenados à pena capital, se bem que infinitamente mais rara, atrai muito mais nossa atenção, desperta paixões: confundindo-se com a imagem do carrasco, ela tem uma carga simbólica muito mais forte, muito mais sombria e chocante. *Et cætera.*

O homem é uma criança perdida — para citar mais uma vez o poema de Baudelaire — nas "florestas de símbolos".

(O critério de maturidade: a faculdade de resistir aos símbolos. Mas a humanidade é cada vez mais jovem.)

POLI-HISTORICISMO

Falando de seus romances, Broch recusa várias vezes a estética do romance "psicológico", opondo-lhe o romance que chama "gnoseológico" ou "poli-histórico". Parece-me que o segundo termo notadamente é mal escolhido e nos engana. É o compatriota de Broch, Adalbert Stifter, fundador da prosa austríaca que, com seu romance *Der Nachsommer*, de 1857 (sim, o famoso ano de *Madame Bovary*), criou um "romance poli-histórico" no sentido exato dessa palavra. Esse romance é, aliás, famoso, tendo Nietzsche o classificado entre os quatro maiores livros da prosa alemã. Para mim, ele é apenas legível: nele aprendemos muito sobre a geologia, a botânica, a zoologia, sobre todas as artes, sobre a pintura e a arquitetura, mas o homem e as situações humanas estão inteiramente à margem dessa edificante e gigantesca enciclopédia. Precisamente devido a seu "poli-historicismo", esse romance falhou totalmente na especificidade do romance.

Ora, esse não é o caso de Broch. Ele busca "o que somente o romance pode descobrir". Mas sabe que a forma convencional (baseada exclusivamente na aventura de um personagem e satisfazendo-se com uma simples narração dessa aventura) limita o romance, reduz suas habilidades cognitivas. Ele também sabe que o romance tem uma extraordinária faculdade de integração: enquanto a poesia ou a filosofia não estão em condições de integrar o romance, o romance é capaz de integrar a poesia e a filosofia sem perder por isso nada de sua identidade caracterizada precisamente (basta lembrar-se de Rabelais e de Cervantes) pela tendência a abranger outros gêneros, a absorver os saberes filosófico e científico. Na óptica de

Broch, a palavra "poli-histórico" quer pois dizer: mobilizar todos os meios intelectuais e todas as formas poéticas para iluminar "o que apenas o romance pode descobrir": o ser do homem.

Isso, é claro, deverá implicar uma transformação profunda da forma do romance.

O INACABADO

Vou me permitir ser muito pessoal: o último romance dos *Sonâmbulos* (*Huguenau ou o realismo*), em que a tendência sintética e a transformação da forma são levadas mais longe, me dá, além de um prazer admirável, algumas insatisfações:

— a intenção "poli-histórica" exige uma técnica de elipse que Broch não conseguiu encontrar; a clareza arquitetural sofre com isso;

— os vários elementos (versos, narrativa, aforismos, reportagem, ensaio) permanecem mais justapostos que soldados, em uma verdadeira unidade "polifônica";

— o excelente ensaio sobre a degradação dos valores, embora apresentado como o texto escrito por um personagem, pode ser facilmente compreendido como o raciocínio do autor, como a verdade do romance, seu resumo, sua tese, e alterar assim a indispensável relatividade do espaço romanesco.

Todas as grandes obras (e justamente porque elas são grandes) contêm alguma coisa inacabada. Broch nos inspira não só por tudo o que levou a bom termo mas também por tudo o que visou sem atingir. O inacabado de sua obra pode nos fazer compreender a necessidade: 1. de uma nova arte do *despojamento radical* (que permita abranger a complexidade da existência no mundo moderno sem perder a clareza arquitetônica); 2. de uma nova arte do *contraponto romanesco* (suscetível de unir em uma só composição a filosofia, a narrativa e o sonho); 3. de uma arte do *ensaio especificamente romanesco* (isto é, que não pretenda trazer uma mensagem apodíctica, mas que permaneça hipotética, lúdica ou irônica).

OS MODERNISMOS

De todos os grandes romancistas de nosso século, Broch é, talvez, o menos conhecido. Não é tão difícil compreender isso. Mal ele terminou *Os sonâmbulos*, vê Hitler subir ao poder e a vida cultural alemã ser aniquilada; cinco anos mais tarde, abandona a Áustria pela América, onde fica até a morte. Nessas condições, sua obra, privada de seu público natural, privada do contato com uma vida literária normal, não mais consegue representar seu papel no seu tempo: reunir em torno dela uma comunidade de leitores, adeptos e conhecedores, criar uma escola, influenciar outros escritores. Assim como a obra de Musil e de Gombrowicz, ela foi descoberta (redescoberta) com grande atraso (e após a morte de seu autor) por aqueles que, como o próprio Broch, estavam possuídos pela paixão da forma nova, melhor dizendo, que tinham uma orientação "modernista". Mas o modernismo deles não se assemelhava ao de Broch. Não que ele fosse mais tardio, mais avançado; ele era diferente por suas raízes, por sua atitude a respeito do mundo moderno, por sua estética. Essa diferença causou algum embaraço: Broch (assim como Musil, assim como Gombrowicz) surgiu como grande inovador, mas que não correspondia à imagem corrente e convencional do modernismo (pois, na segunda metade desse século, é preciso contar com o modernismo das normas codificadas, o modernismo universitário, por assim dizer, instituído). Esse modernismo instituído exige, por exemplo, a destruição da forma romanesca. Na óptica de Broch, as possibilidades da forma romanesca estão longe de ser esgotadas.

O modernismo instituído quer que o romance se desembarace do artifício do personagem que, afinal de contas, segundo ele, não passa de uma máscara dissimulando inutilmente a fisionomia do autor. Nos personagens de Broch, o eu do autor não é detectável.

O modernismo instituído prescreveu a noção de totalidade, essa mesma palavra que Broch, em compensação, utiliza habitualmente para dizer: na época da divisão excessiva do trabalho, da especialização desenfreada, o romance é um dos últimos lugares onde o homem ainda pode guardar relações com a vida em seu conjunto.

Segundo o modernismo instituído, é por uma fronteira intransponível que o romance "moderno" está separado do romance "tradicional" (esse "romance tradicional" sendo o cesto onde reuniram em grande confusão todas as fases de quatro séculos de romance). Na óptica de Broch, o romance moderno continua na mesma busca da qual participaram todos os grandes romancistas desde Cervantes.

Por trás do modernismo instituído existe um resíduo cândido da crença escatológica: uma História termina, uma outra (melhor), fundada sobre um alicerce inteiramente novo, começa. Em Broch, há a consciência melancólica de uma História que termina em circunstâncias profundamente hostis à evolução da arte e do romance em particular.

QUARTA PARTE
Diálogo sobre a arte da composição

Christian Salmon: Vou iniciar esta conversa com uma citação de seu texto sobre Hermann Broch. Você diz: "Todas as grandes obras (e justamente porque elas são grandes) têm alguma coisa inacabada. Broch nos inspira não somente por tudo o que levou a bom termo mas também por tudo o que visou sem atingir. O inacabado de sua obra pode nos fazer compreender a necessidade: 1. de uma nova arte do *despojamento radical* (que permita abranger a complexidade da existência no mundo moderno sem perder a clareza arquitetônica); 2. de uma nova arte do *contraponto romanesco* (suscetível de unir em uma só composição a filosofia, a narrativa e o sonho); 3. de uma arte do *ensaio especificamente romanesco* (isto é, que não pretenda trazer uma mensagem apodíctica, mas que permaneça hipotética, lúdica ou irônica)". Nesses três pontos eu discrimino seu programa artístico. Comecemos pelo primeiro. O despojamento radical.

M. K.: Apreender a complexidade da existência no mundo moderno exige, parece-me, a técnica da elipse, da condensação. De outra maneira, você cai numa armadilha sem fim. *O homem sem qualidades* é um dos dois ou três romances que mais amo. Contudo, não me peça para admirar sua imensa extensão inacabada. Imagine um castelo tão imenso que não se pode abrangê-lo com o olhar. Imagine um quarteto que dura nove horas. Há limites antropológicos que não se devem ultrapassar, os limites da memória, por exemplo. No fim de sua leitura, você ainda deve ser capaz de se lembrar do começo. De outro modo, o romance se torna informe, sua "clareza arquitetônica" se obscurece.

C. S.: *O livro do riso e do esquecimento* é composto de sete partes. Se as tivesse tratado de uma maneira menos elíptica, você teria podido escrever sete longos romances diferentes.

M. K.: Mas se eu tivesse escrito sete romances independentes, não teria podido esperar apreender "a complexidade da existência no mundo moderno" em um só livro. A arte da elipse me parece, portanto, uma necessidade. Ela exige: ir sempre direto ao âmago das coisas. Nesse sentido, penso no compositor que admiro apaixonadamente desde minha infância: Leos Janacek. Ele é um dos maiores da música moderna. Na época em que Schönberg e Stravinski ainda escrevem composições para grande orquestra, ele já se dá conta de que uma partitura para orquestra se dobra sob o fardo das notas inúteis. Foi por essa vontade de despojamento que sua revolta começou. Você sabe, em cada composição musical há muita técnica: a exposição de um tema, o desenvolvimento, as variações, o trabalho polifônico frequentemente muito automatizado, os desdobramentos de orquestração, as transições etc. Hoje, pode-se fazer música com computadores, mas o computador sempre existiu na cabeça dos compositores: eles podiam em caso extremo fazer uma sonata sem uma única ideia original, apenas desenvolvendo "ciberneticamente" as regras da composição. O imperativo de Janacek era: destruir o "computador"! Em vez das transições, uma brutal justaposição, em vez das variações, a repetição, e ir sempre ao âmago das coisas: somente a nota que diz alguma coisa de essencial tem o direito de existir. Com o romance, é quase igual: ele também está atravancado pela "técnica", pelas convenções que trabalham em lugar do autor — expor um personagem, descrever um meio, introduzir a ação numa situação histórica, encher o tempo da vida dos personagens com episódios inúteis; cada mudança de cenário exige novas exposições, descrições, explicações. Meu imperativo é "janacekiano": desembaraçar o romance do automatismo da técnica romanesca, do verbalismo romanesco, torná-lo denso.

C. S.: Você fala em segundo lugar da "nova arte do contraponto romanesco". Em Broch, ela não o satisfaz inteiramente.

M. K.: Pegue o terceiro romance dos *Sonâmbulos*. É composto de cinco elementos, de cinco "linhas" intencionalmente heterogêneas: 1. a *narrativa romanesca* baseada nos três personagens principais da trilogia: Pasenow, Esch, Huguenau; 2. a *novela intimista* sobre Hanna Wendling; 3. a *reportagem* sobre um hospital militar; 4. a *narrativa poética* (em parte em versos) sobre uma moça no Exército da Salvação; 5. o *ensaio filosófico* (escrito em uma linguagem científica) sobre a degradação dos valores. Cada uma dessas cinco linhas é magnífica em si mesma. Entretanto, essas linhas, se bem que tratadas simultaneamente, numa perpétua alternância (isto é, com uma clara intenção "polifônica"), não são ligadas, não formam um conjunto indivisível; dito de outro modo, a intenção polifônica permanece artisticamente inacabada.

C. S.: O termo polifonia aplicado de maneira metafórica à literatura não leva a exigências que o romance não pode satisfazer?

M. K.: A polifonia musical é o desenvolvimento *simultâneo* de duas ou mais vozes (linhas melódicas) que, embora perfeitamente ligadas, guardam sua relativa independência. A polifonia romanesca? Digamos de início o que lhe é oposto: a composição *unilinear*. Ora, desde o início de sua história, o romance tenta escapar da unilinearidade e abrir brechas na narração contínua de uma história. Cervantes conta a viagem inteiramente linear de Dom Quixote. Mas enquanto viaja, Dom Quixote encontra outros personagens que contam suas próprias histórias. No primeiro volume há quatro delas. Quatro brechas que permitem sair da trama linear do romance.

C. S.: Mas isso não é polifonia!

M. K.: Porque não existe ali simultaneidade. Para tomar emprestada a terminologia de Chklovski, trata-se de novelas "encaixadas" na "caixa" do romance. Você pode encontrar esse método do "encaixamento" em muitos romancistas do século XVII e do XVIII. O século XIX desenvolveu outra maneira de ultrapassar a linearidade, maneira que, na falta de melhor, pode-se denominar polifônica. *Os demônios*. Se você analisa esse romance sob o ponto de vista puramente técnico, constata que é composto de três linhas que evoluem simultaneamente e, a rigor, teriam podido formar três romances independentes: 1. o romance *irônico* do amor entre a velha Stavroguin e Stepan Verkhovenski; 2. o romance *romântico* de Stavroguin e suas relações amorosas; 3. o romance *político* de um grupo revolucionário. Dado que todos os personagens se conhecem entre si, uma fina técnica de fabulação pôde ligar facilmente essas três linhas em um só conjunto indivisível. A essa polifonia dostoievskiana comparemos agora a de Broch. Essa vai muito mais longe. Enquanto as três linhas dos *Demônios*, embora de caráter diferente, são do mesmo gênero (três histórias romanescas), em Broch os gêneros das cinco linhas diferem radicalmente: romance; novela; reportagem; poema; ensaio. Essa integração dos gêneros não romanescos na polifonia do romance constitui a inovação revolucionária de Broch.

C. S.: Contudo, segundo você, essas cinco linhas não estão adequadamente unidas. Na verdade, Hanna Wendling não conhece Esch, a moça do Exército da Salvação nunca saberá da existência de Hanna Wendling. Nenhuma técnica de fabulação pode, portanto, unir em um só conjunto essas cinco linhas diferentes que não se encontram, não se cruzam.

M. K.: Elas não estão ligadas senão por um tema comum. Mas acho essa união temática perfeitamente adequada. O problema de desunião está em outro aspecto. Recapitulemos: em Broch, as cinco linhas do romance evoluem simultaneamente, sem se encontrar, unidas por um ou alguns temas. Designei essa espécie de composição por uma palavra tomada de empréstimo à musicologia: polifonia. Você vai ver que não é tão inútil comparar o romance à música. Efetivamente, um dos princípios fundamentais dos grandes polifonistas era a *igualdade das vozes*: nenhuma voz deve dominar, nenhuma deve servir de simples acompanhamento. Ora, o que me parece ser um defeito do terceiro romance dos *Sonâmbulos* é que as cinco "vozes" não são iguais. A linha número um (a narrativa "romanesca" sobre Esch e Huguenau) ocupa quantitativamente muito mais espaço que as outras linhas e, sobretudo, é privilegiada qualitativamente na medida em que, por intermédio de Esch e de Pasenow, está ligada aos dois romances precedentes. Portanto, atrai mais atenção e corre o risco de reduzir o papel das outras quatro "linhas" a um simples "acompanhamento". Em segundo lugar: se uma fuga de Bach não pode dispensar nenhuma das suas vozes, em compensação, pode-se imaginar a novela sobre Hanna Wendling ou o ensaio sobre a degradação dos valores como textos independentes, cuja ausência não faria o romance perder seu sentido nem sua inteligibilidade. Ora, para mim, as condições *sine qua non* do contraponto romanesco são: 1. a igualdade das respectivas "linhas"; 2. a indivisibilidade do conjunto. Lembro-me do dia em que terminei a terceira parte de *O livro do riso e do esquecimento*, intitulada "Os anjos". Confesso que estava terrivelmente orgulhoso, persuadido de ter descoberto uma nova maneira de construir uma narrativa. Esse texto é composto dos seguintes elementos: 1. a anedota sobre dois estudantes e sua levitação; 2. a narrativa autobiográfica; 3. o ensaio crítico sobre um livro feminista; 4. a fábula sobre o anjo e o diabo; 5. a narrativa sobre Éluard, que voa acima de Praga. Esses elementos não podem existir um sem o outro, eles se esclarecem e se explicam mutuamente, examinando um só tema, uma só questão: "o que é um anjo?". Somente essa questão os une. A sexta parte, também intitulada "Os anjos", é composta: 1. da narrativa onírica sobre a morte de Tamina; 2. da narrativa autobiográfica da morte de meu pai; 3. de reflexões musicológicas; 4. de reflexões sobre o esquecimento que assola Praga. Qual é a ligação entre meu pai e Tamina torturada por crianças? É, para evocar a frase cara aos surrealistas, "o encontro de uma máquina de costura com um guarda-chuva" na lista do mesmo tema. A polifonia romanesca é muito mais poesia que técnica.

C. S.: Em *A insustentável leveza do ser* o contraponto é mais discreto.

M. K.: Na sexta parte, o caráter polifônico é muito evidente: a história do filho de Stálin, uma reflexão teológica, um acontecimento político na Ásia, a morte de Franz em Bangcoc e o enterro de Tomas na Boêmia são unidos pela questão permanente: "o que é o kitsch?". Essa passagem polifônica é a chave mestra de toda a construção. Todo o segredo do equilíbrio arquitetural se encontra ali.

C. S.: Que segredo?

M. K.: Há dois segredos. *Primo*: essa parte não está baseada no esboço de uma história, mas no de um ensaio (ensaio sobre o kitsch). Fragmentos da vida dos personagens estão inseridos nesse ensaio como "exemplos", "situações a analisar". É assim, "de passagem" e em resumo, que se conhece o fim da vida de Franz, de Sabina, o desfecho das relações entre Tomas e seu filho. Essa elipse tornou formidavelmente mais leve a construção. *Secundo*, o deslocamento cronológico: os acontecimentos da sexta parte se passam após os acontecimentos da sétima (última) parte. Graças a esse deslocamento, a última parte, apesar do seu caráter idílico, está inundada de uma melancolia proveniente de nosso conhecimento do futuro.

C. S.: Volto ao seu estudo sobre *Os sonâmbulos*. Você demonstrou alguma reserva a propósito do ensaio sobre a degradação dos valores. Devido ao seu tom apodíctico, à sua linguagem científica, ele pode se impor, segundo você, como chave ideológica do romance, como sua "Verdade", e transformar toda a trilogia dos *Sonâm-*

bulos em simples ilustração romanceada de uma profunda reflexão. É por isso que você fala da necessidade de uma "arte do ensaio especificamente romanesco".

M. K.: Em primeiro lugar, uma evidência: entrando no corpo do romance, a meditação muda de essência. Fora do romance, nós nos encontramos no domínio das afirmações: todo mundo está seguro de sua palavra: um político, um filósofo, um porteiro. No território do romance, não se afirma: é o território do jogo e das hipóteses. A meditação romanesca é pois, por essência, interrogativa, hipotética.

C. S.: Mas por que um romancista deve se privar do direito de exprimir em seu romance sua filosofia direta e afirmativamente?

M. K.: Existe uma diferença fundamental entre a maneira de pensar de um filósofo e a de um romancista. Fala-se frequentemente da filosofia de Tchekhov, de Kafka, de Musil etc. Mas experimente extrair uma filosofia coerente de seus escritos! Mesmo quando exprimem diretamente suas ideias em seus livros, essas são mais exercícios de reflexões, jogos de paradoxos, improvisações que a afirmação de um pensamento.

C. S.: Dostoiévski, em seu *Diário de um escritor*, é, no entanto, totalmente afirmativo.

M. K.: Mas não é nisso que reside a grandeza de seu pensamento. Grande pensador ele é somente enquanto romancista. O que significa: ele sabe criar em seus personagens universos intelectuais extraordinariamente ricos e inéditos. Gostamos de procurar em seus personagens a projeção de suas ideias. Em Chatov, por exemplo. Mas Dostoiévski tomou todas as precauções. Desde sua primeira aparição, Chatov é caracterizado bem cruelmente: "era um desses idealistas russos que, iluminados repentinamente por alguma grande ideia, se fascinam por ela, muitas vezes para sempre. Jamais conseguem dominar essa ideia, creem nela apaixonadamente, e desde então toda a sua existência não é mais, dir-se-ia, que uma agonia sob a pedra que os semimassacrou". Portanto, ainda que Dostoiévski tenha projetado em Chatov suas próprias ideias, essas são imediatamente relativizadas. Para Dostoiévski, também, permanece a regra: uma vez no corpo do romance, a meditação muda de essência: um pensamento dogmático se torna hipotético. O que escapa aos filósofos quando eles tentam o romance. Uma única exceção: Diderot. Seu admirável *Jacques, o fatalista*! Após ter transposto a fronteira do romance, esse enciclopedista sério se transforma em pensador lúdico: nenhuma frase de seu romance é séria, tudo nele é brincadeira. É por isso que na França esse romance é escandalosamente subestimado. Na verdade, esse livro concentra tudo o que a França perdeu e se recusa a reencontrar. Hoje preferem as ideias às obras. *Jacques, o fatalista* é intraduzível na linguagem das ideias.

C. S.: Em *A brincadeira*, é Jaroslav que desenvolve uma teoria musicológica. O caráter hipotético dessa reflexão é, portanto, claro. Mas em seus romances encontram-se também passagens nas quais é você, diretamente você, quem fala.

M. K.: Ainda que seja eu quem fale, minha reflexão está ligada a um personagem. Quero pensar suas atitudes, sua maneira de ver as coisas em seu lugar e mais profundamente do que ele poderia fazer. A segunda parte de *A insustentável leveza do ser* começa por uma longa reflexão sobre as relações do corpo e da alma. Sim, é o autor que fala, entretanto tudo o que ele diz não é válido senão no campo magnético de um personagem: Tereza. É a maneira de Tereza (embora jamais formulada por ela mesma) ver as coisas.

C. S.: Mas frequentemente suas meditações não são ligadas a nenhum personagem: as reflexões musicológicas em O *livro do riso e do esquecimento* ou suas considerações sobre a morte do filho de Stálin em A *insustentável leveza do ser...*

M. K.: É verdade. Gosto de intervir de vez em quando diretamente, como autor, como eu mesmo. Nesse caso, tudo depende do tom. Desde a primeira palavra, minha reflexão tem um tom lúdico, irônico, provocativo, experimental ou interrogativo. Toda a sexta parte de A *insustentável leveza do ser* ("A grande marcha") é um ensaio sobre o kitsch, tendo por tese principal: "O kitsch é a negação absoluta da merda". Toda essa meditação sobre o kitsch tem uma importância totalmente capital para mim, existem por trás dela muitas reflexões, experiências, estudos, até paixão, mas o tom nunca é sério: é provocativo. Esse ensaio é impensável fora do romance; é o que denomino um "ensaio especificamente romanesco".

C. S.: Você falou do contraponto romanesco como união da filosofia, da narrativa e do sonho. Vamos nos deter no sonho. A narração onírica ocupa toda a segunda parte de A *vida está em outro lugar*, sobre ela está baseada a sexta parte de O *livro do riso e do esquecimento*, através dos sonhos de Tereza ela percorre A *insustentável leveza do ser*.

M. K.: A narração onírica; digamos antes: a imaginação que, liberada do controle da razão, do cuidado com a verossimilhança, entra nas paisagens inacessíveis à reflexão racional. O sonho é apenas o modelo dessa espécie de imaginação que eu considero como a maior conquista da arte moderna. Mas como integrar a imaginação *descon-*

trolada no romance que, por definição, deve ser um exame *lúcido* da existência? Como unir elementos tão heterogêneos? Isso exige uma verdadeira alquimia! O primeiro, acho, que pensou nessa alquimia foi Novalis. No primeiro tomo de seu romance *Heinrich von Ofterdingen*, ele introduziu três grandes sonhos. Não é uma imitação "realista" dos sonhos como se encontra em um Tolstói ou em um Mann. É uma grande poesia inspirada pela "técnica de imaginação" própria ao sonho. Mas ele não estava satisfeito. Esses três sonhos, ele achava, formavam no romance espécies de ilhas à parte. Por isso ele quis ir mais longe e escrever o segundo tomo do romance como uma narração em que o sonho e a realidade estão ligados, misturados um ao outro de tal modo que não se possa mais distingui-los. Entretanto, ele jamais escreveu esse segundo tomo. Deixou-nos somente algumas anotações, nas quais descreve sua intenção estética. Essa foi realizada 120 anos mais tarde por Franz Kafka. Seus romances são a fusão perfeita do sonho e do real. Ao mesmo tempo, o olhar mais lúcido pousado sobre o mundo moderno e a imaginação mais desabrida. Kafka, antes de qualquer coisa, é uma imensa revolução estética. Um milagre artístico. Tome como exemplo esse incrível capítulo do *Castelo* em que K. faz pela primeira vez amor com Frieda. Ou o capítulo em que transforma uma sala de aula da escola primária em quarto de dormir para ele, Frieda e seus dois ajudantes. Antes de Kafka, tal densidade de imaginação era impensável. Claro, seria ridículo imitá-lo. Mas como Kafka (e como Novalis), experimento esse desejo de fazer entrar o sonho, a imaginação própria ao sonho, no romance. Meu modo de fazê-lo não é uma "fusão do sonho e do real", mas uma confrontação polifônica. A narrativa "onírica" é uma das linhas do contraponto.

C. S.: Viremos a página. Eu gostaria que voltássemos à questão da unidade de uma composição. Você definiu *O livro do riso e do esquecimento* como "um romance em forma de variações". É mesmo um romance?

M. K.: O que lhe tira a aparência de romance é a ausência de unidade de ação. Tem-se dificuldade em imaginar um romance sem isso. Mesmo as experimentações do "novo romance" estão fundamentadas na unidade de ação (ou de não ação). Sterne e Diderot se divertem em tornar essa unidade extremamente frágil. A viagem de Jacques e seu amo ocupa uma mínima parte do romance, não passa de um pretexto cômico para encaixar outras anedotas, narrativas, reflexões. Contudo esse pretexto, essa "caixa", é necessário para que esse romance seja percebido como romance ou, pelo menos, como paródia de romance. Entretanto, acho que existe algo de mais profundo que assegura a coerência de um romance: a unidade temática. E sempre foi assim, aliás. As três linhas da narração sobre as quais repousa *Os demônios* são unidas por uma técnica de fabulação mas sobretudo pelo mesmo tema: o dos demônios que se apossam do homem quando ele perde Deus. Em cada linha de narração, esse tema é considerado sob um outro ângulo como uma coisa refletida em três espelhos. E é essa coisa (essa coisa abstrata a que chamo tema) que dá ao conjunto do romance uma coerência interior, a menos visível, a mais importante. Em *O livro do riso e do esquecimento*, a coerência do conjunto é criada unicamente pela unidade de alguns temas (e motivos) que são variados. É um romance? Sim, na minha opinião. O romance é uma meditação sobre a existência vista através de personagens imaginários.

C. S.: Se aderirmos a uma definição tão ampla, podemos chamar de romance até o *Decamerão*! Todas as novelas são unidas pelo mesmo tema do amor e contadas pelos mesmos dez narradores...

M. K.: Não levarei a provocação até o ponto de dizer que o *Decamerão* é um romance. Não obstante, na Europa moderna esse livro é uma das primeiras tentativas de se criar uma grande composição da prosa narrativa e que como tal faz parte da história do romance, *pelo menos* como seu inspirador e precursor. Você sabe, a história do romance tomou o caminho que tomou. Poderia tomar também um outro. A forma do romance é liberdade quase ilimitada. O romance durante sua história não se aproveitou disso. Perdeu essa liberdade. Deixou muitas possibilidades formais inexploradas.

C. S.: Entretanto, deixando de lado *O livro do riso e do esquecimento*, seus romances também são baseados na unidade de ação, embora um pouco solta.

M. K.: Sempre os construí em dois níveis: no primeiro nível, componho a história romanesca; acima, desenvolvo temas. Os temas são trabalhados sem interrupção *na* e *pela* história romanesca. Quando o romance abandona seus temas e se contenta em contar a história, ele se torna sem densidade. Em contrapartida, um tema pode ser desenvolvido sozinho, fora da história. Essa maneira de abordar um tema eu chamo de *digressão*. Digressão quer dizer: abandonar por um momento a história romanesca. Toda a reflexão sobre o kitsch em *A insustentável leveza do ser* é, por exemplo, uma digressão: eu abandono a história romanesca para atacar *diretamente* meu tema (o kitsch). Considerada sob esse ponto de vista, a digressão não enfraquece, mas corrobora a disciplina da composição. Do tema, distingo o motivo: é um elemento do tema ou da história que retorna várias vezes no decorrer do romance, sempre em um outro contexto; por exemplo: o motivo do quarteto de Beethoven, que passa da vida de Tereza às reflexões de Tomas e atravessa também os diferentes temas: o do peso, o do kitsch; ou então o chapéu-coco de Sabina, presente nas cenas Sabina-Tomas, Sabina-Tereza, Sabina-Franz, e que expõe também o tema das "palavras incompreendidas".

C. S.: Mas o que você entende exatamente pela palavra *tema*?

M. K.: Um tema é uma interrogação existencial. E cada vez mais me dou conta de que tal interrogação é, afinal, o exame de palavras particulares, de palavras-tema. O que me leva a insistir: o romance é baseado primeiramente em algumas palavras fundamentais. É como a "série de notas" em Schönberg. Em *O livro do riso e do esquecimento*, a "série" é a seguinte: o esquecimento, o riso, os anjos, a "litost", a fronteira. Essas cinco palavras principais são, no decorrer do romance, analisadas, estudadas, definidas, redefinidas, e assim transformadas em categorias da existência. O romance é construído sobre essas poucas categorias como uma casa sobre pilares. Os pilares de *A insustentável leveza do ser*: o peso, a leveza, a alma, o corpo, a Grande Marcha, a merda, o kitsch, a compaixão, a vertigem, a força, a fraqueza.

C. S.: Vamos nos deter no plano arquitetônico de seus romances. Todos, menos um, são divididos em sete partes.

M. K.: Uma vez terminada *A brincadeira*, eu não tinha nenhuma razão de me espantar por ela ter sete partes. Em seguida, escrevi *A vida está em outro lugar*. O romance estava quase acabado e tinha seis partes. Eu estava insatisfeito. A história me parecia chata. Subitamente me veio a ideia de inserir no romance uma história que se passava três anos após a morte do herói (isto é, além do tempo do romance). É a penúltima parte, a sexta: "O quadragenário". Na mesma hora, tudo ficou perfeito. Mais tarde atinei que essa parte seis correspondia estranhamente à seis de *A brincadeira* (Kostka) que, também ela, introduz no romance um personagem do exterior, abre na parede do romance uma janela secreta. *Risíveis amores* eram de início dez novelas. Quando escrevi a coletânea definitiva, eliminei três delas; o conjunto se tornou muito coerente, de tal maneira que já a prefigura a composição de *O livro do riso e do esquecimento*: os mesmos temas (especialmente o da mistificação) unem num só conjunto sete narrativas, sendo que a quarta e a sexta são por outro lado reunidas pelo "gancho" do mesmo protagonista: o doutor Havel. Em *O livro do riso e do esquecimento*, a quarta e a sexta parte são, também, reunidas pelo mesmo personagem: Tamina. Quando escrevi *A insustentável leveza do ser*, quis a todo preço quebrar a fatalidade do número sete. O romance há muito estava concebido num esboço de seis partes. Mas a primeira me parecia ainda informe. Finalmente, compreendi que essa parte, na realidade, formava duas, que eram como gêmeas siamesas que se precisa separar em duas, por meio de uma delicada intervenção cirúrgica. Conto tudo isso para dizer que não é de minha parte nem coquetismo supersticioso com um número mágico, nem cálculo racional, mas imperativo profundo, inconsciente, incompreensível, arquétipo da forma, do qual não posso escapar. Meus romances são variantes da mesma arquitetura fundamentada sobre o número sete.

C. S.: Até onde vai essa ordem matemática?

M. K.: Pegue *A brincadeira*. Esse romance é contado por quatro personagens: Ludvik, Jaroslav, Kostka e Helena. O monólogo de Ludvik ocupa dois terços do livro, os monólogos dos outros, juntos, ocupam um terço do livro (Jaroslav um sexto, Kostka um nono, Helena um dezoito avos). Através dessa estrutura matemática é determinado o que eu denominaria a *iluminação* dos personagens. Ludvik se encontra em plena luz, iluminado do interior (por seu próprio monólogo) e do exterior (todos os outros monólogos traçam seu retrato). Jaroslav ocupa através de seu monólogo um sexto do livro e seu autorretrato é corrigido do exterior pelo monólogo de Ludvik. *Et cætera*. Cada personagem é iluminado por uma outra intensidade de luz e de um modo diferente. Lucie, uma das personagens mais importantes, não tem seu monólogo e é iluminada somente do exterior pelos monólogos de Ludvik e de Kostka. A ausência de iluminação interior lhe dá um caráter misterioso e intangível. Ela se encontra, por assim dizer, do outro lado da vidraça, não podemos tocá-la.

C. S.: Essa estrutura matemática é premeditada?

M. K.: Não. Descobri tudo isso, após a publicação de *A brincadeira* em Praga, graças ao artigo de um crítico literário tcheco: "A geometria d'*A brincadeira*". Um texto revelador para mim. Explicando melhor, essa "ordem matemática" se impõe naturalmente como uma necessidade da forma e não precisa de cálculos.

C. S.: É daí que provém sua mania de números? Em todos os seus romances, as partes e os capítulos são numerados.

M. K.: A divisão do romance em partes, das partes em capítulos, dos capítulos em parágrafos, dito de outro modo, a *articulação* do romance, quero-a de uma clareza muito grande. Cada uma das sete partes é um todo em si. Cada qual é caracterizada por seu próprio *modo de narração*: por exemplo, *A vida está em outro lugar*: primeira parte: narração "contínua" (isto é, com uma ligação causal entre os capítulos); segunda parte: narração onírica; terceira parte: narração descontínua (isto é, sem ligação causal entre os capítulos); quarta parte: narração polifônica; quinta parte: narração contínua; sexta parte: narração contínua; sétima parte: narração polifônica. Cada uma tem sua própria *perspectiva* (é contada sob o ponto de vista de um outro ego imaginário). Cada uma tem sua própria *duração*: a ordem de duração em *A brincadeira*: muito curta; muito curta; longa; curta; longa; curta; longa. Em *A vida está em outro lugar*, a ordem é inversa: longa; curta; longa; curta; longa; muito curta; muito curta. Também quero que os capítulos sejam, cada um, um pequeno todo em si. É por isso que insisto junto aos meus editores para que ponham em evidência os números e separem os capítulos muito nitidamente uns dos outros. (A solução ideal é a da Gallimard: cada capítulo começa numa nova página.) Permita-me mais uma vez comparar o romance com a música. Uma parte é um movimento. Os capítulos são compassos. Esses compassos são breves, longos ou então de duração muito irregular. O que nos leva à questão do andamento. Cada parte em meus romances poderia trazer uma indicação musical: *moderato*, *presto*, *adagio* etc.

C. S.: O andamento é então determinado pela relação entre a duração de uma parte e o seu número de capítulos?

M. K.: Olhe sob esse ponto de vista *A vida está em outro lugar*:

Primeira parte: 11 capítulos em 71 páginas; *moderato*
Segunda parte: 14 capítulos em 31 páginas; *allegretto*
Terceira parte: 28 capítulos em 82 páginas; *allegro*

Quarta parte: 25 capítulos em 30 páginas; *prestissimo*
Quinta parte: 11 capítulos em 96 páginas; *moderato*
Sexta parte: 17 capítulos em 26 páginas; *adagio*
Sétima parte: 23 capítulos em 28 páginas; *presto*.

Veja: a quinta parte tem 96 páginas e somente onze capítulos; um percurso tranquilo, lento: *moderato*. A quarta parte tem, em trinta páginas, 25 capítulos! O que dá a impressão de uma grande rapidez: *prestissimo*.

C. S.: A sexta parte tem dezessete capítulos em apenas 26 páginas. Isso significa, se bem compreendi, que tem uma frequência bastante rápida. Entretanto você a chama *adagio*!

M. K.: Porque o andamento também é determinado por outra coisa: a relação entre a duração de uma parte e o tempo "real" do acontecimento relatado. A quinta parte, "O poeta é ciumento", representa um ano inteiro de vida, enquanto a sexta parte, "O quadragenário", fala de apenas algumas horas. A brevidade dos capítulos tem pois aqui, como função, desacelerar o tempo, imobilizar um único grande momento... Acho extraordinariamente importantes os contrastes dos andamentos! Para mim, eles fazem parte da primeira ideia que faço de meu romance bem antes de escrevê-lo. Essa sexta parte de *A vida está em outro lugar*, *adagio* (atmosfera de paz e de compaixão), é seguida pela sétima parte, *presto* (atmosfera excitada e cruel). Nesse contraste final eu quis concentrar todo o poder emocional do romance. O caso de *A insustentável leveza do ser* é exatamente oposto. Ali, desde o início do trabalho, eu sabia que a última parte devia ser *pianissimo* e *adagio* ("O sorriso de Kariênina": atmosfera calma, melancólica, com poucos acontecimentos) e que devia ser precedida por uma outra, *fortis-*

simo, prestissimo ("A grande marcha": atmosfera brutal, cínica, com muitos acontecimentos).

C. S.: A mudança de andamento, portanto, também implica mudança de atmosfera emocional.

M. K.: Mais uma grande lição da música. Cada passagem de uma composição musical age sobre nós, queiramos ou não, através de um aspecto emocional. A ordem dos movimentos de uma sinfonia ou de uma sonata foi determinada, em todos os tempos, pela regra, não escrita, da alternância dos movimentos lentos e dos movimentos rápidos, o que significava quase automaticamente: movimentos tristes e movimentos alegres. Esses contrastes emocionais logo se tornaram um sinistro estereótipo que somente os grandes mestres souberam (e nem sempre) superar. Admiro nesse sentido, para mencionar um exemplo arquiconhecido, a sonata de Chopin, aquela cujo terceiro movimento é a marcha fúnebre. Que mais se podia dizer depois desse grande adeus? Terminar a sonata como de hábito com um rondó vibrante? Mesmo Beethoven em sua sonata op. 26 não escapa a esse estereótipo quando faz seguir a marcha fúnebre (que também é o terceiro movimento) por um final alegre. O quarto movimento na sonata de Chopin é totalmente estranho: *pianissimo*, rápido, breve, sem nenhuma melodia, absolutamente não sentimental: uma borrasca longínqua, um ruído surdo anunciando o esquecimento definitivo. A proximidade desses dois movimentos (sentimental — não sentimental) nos causa um aperto na garganta. É absolutamente original. Falo disso para fazer você compreender que compor um romance é justapor diferentes espaços emocionais, e que nisso está, para mim, a arte mais sutil de um romancista.

C. S.: Sua educação musical influenciou muito sua escrita?

M. K.: Até os 25 anos, eu era muito mais atraído pela música que pela literatura. A melhor coisa que fiz então foi uma composição para quatro instrumentos: piano, viola, clarineta e bateria. Ela prefigurava quase caricaturalmente a arquitetura de meus romances, dos quais, na época, eu sequer desconfiava da existência futura. Essa *Composição para quatro instrumentos* é dividida, imagine, em sete partes! Como é o caso nos meus romances, o conjunto é composto de partes formalmente muito heterogêneas (jazz; paródia de uma valsa; fuga; coral etc.) e cada uma delas tem uma orquestração diferente (piano, viola; piano solo; viola, clarineta, bateria etc.). Essa diversidade formal é equilibrada por uma enorme unidade temática: do começo até o fim são elaborados somente dois temas: A e B. E é na sexta parte que surge uma única vez um novo tema, C, exatamente como Kostka de *A brincadeira* ou o quadragenário de *A vida está em outro lugar*. Conto tudo isso para lhe mostrar que a forma de um romance, sua "estrutura matemática" não é uma coisa calculada; é um imperativo inconsciente, uma obsessão. Outrora, cheguei a pensar que essa forma que me obceca era uma espécie de definição algébrica particular, mas, um dia, há alguns anos, prestando mais atenção ao quarteto op. 131 de Beethoven, tive de abandonar essa concepção narcisista e subjetiva da forma. Veja:

Primeiro movimento: lento; forma de fuga; 7'21"

Segundo movimento: rápido; forma inclassificável; 3'26"

Terceiro movimento: lento; simples exposição de um só tema; 51"

Quarto movimento: lento e rápido; forma de variações; 13'48"

Quinto movimento: muito rápido; *scherzo*; 5'35"
Sexto movimento: muito lento; simples exposição
de um só tema; 1'58"
Sétimo movimento: rápido; forma-sonata, 6'30".
Beethoven é, talvez, o maior arquiteto da música.
Herdou a sonata concebida como um ciclo de quatro
movimentos, muitas vezes reunidos bem arbitrariamente,
dos quais o primeiro (escrito na *forma-sonata*) era sempre mais importante que os movimentos seguintes (escritos em forma de rondó, de minueto etc.). Toda a evolução
artística de Beethoven é marcada pela vontade de transformar esse conjunto em uma verdadeira unidade. Assim,
em suas sonatas para piano, ele desloca pouco a pouco o
centro de gravidade do primeiro para o último movimento, reduz frequentemente a sonata a apenas duas partes,
trabalha os mesmos temas nos diferentes movimentos
etc. Mas ao mesmo tempo tenta introduzir nessa unidade
um máximo de diversidade formal. Várias vezes insere
uma fuga em suas sonatas, sinal de uma extraordinária
coragem pois, numa sonata, a fuga devia então parecer
tão heterogênea quanto o ensaio sobre a degradação dos
valores no romance de Broch. O quarteto op. 131 é o
auge da perfeição arquitetônica. Não quero chamar sua
atenção senão a respeito de um só detalhe do qual já fala-
mos: a diversidade das durações. O terceiro movimento é
quinze vezes mais breve que o movimento seguinte! E são
precisamente os dois movimentos tão estranhamente breves (o terceiro e o sexto) que reúnem, mantêm juntas essas sete partes tão diversas! Se todas as partes tivessem
mais ou menos a mesma duração, a unidade desabaria.
Por quê? Não sei explicar. É assim. Sete partes de uma
mesma duração seriam como sete grandes armários pos-
tos um ao lado do outro.

C. S.: Você quase não falou d'*A valsa dos adeuses*.

M. K.: Entretanto, é o romance que, num certo sentido, mais me é caro. Assim como *Risíveis amores*, escrevi-o com mais prazer e alegria que os outros. Com outro estado de espírito. Muito mais depressa também.

C. S.: Ele só tem cinco partes.

M. K.: Ele se apoia sobre um arquétipo formal inteiramente diferente dos meus outros romances. É absolutamente homogêneo, sem digressões, composto de uma só matéria, contado no mesmo andamento, é muito teatral, estilizado, baseado na forma do *vaudeville*. Em *Risíveis amores*, você pode ler a novela "O colóquio". Em tcheco ela se chama "Symposium", alusão paródica ao *Symposium* (*O banquete*) de Platão. Longas discussões sobre o amor. Ora, esse "Colóquio" é composto inteiramente como *A valsa dos adeuses*: *vaudeville* em cinco atos.

C. S.: O que significa para você a palavra *vaudeville*?

M. K.: Uma forma que destaca enormemente a intriga com todo seu aparato de coincidências inesperadas e exageradas. Labiche. Nada se tornou mais suspeito num romance, mais ridículo, fora de moda, de mau gosto que a intriga com seus excessos vaudevilescos. A partir de Flaubert, os romancistas tentam apagar os artifícios da intriga, o romance tornando-se assim muitas vezes mais cinzento que a mais cinzenta das vidas. Contudo, os primeiros romancistas não tiveram esses escrúpulos diante do improvável. No primeiro volume de *Dom Quixote*, há uma taberna em algum lugar da Espanha onde todo mundo, por mero acaso, se encontra: Dom Quixote, Sancho Pança, seus amigos barbeiro e cura, depois Cardenio, um rapaz de quem um certo Dom Fernando roubou a noiva Lucinda, mas logo também Doroteia, a noiva abandonada desse mesmo Dom Fernando, e mais tarde esse mesmo Dom Fernando com Lucinda, depois um oficial que fugiu da prisão moura, e depois seu irmão que o procura há anos, depois também sua filha Clara, e ainda o amante de Clara perseguindo-a, ele próprio perseguido pelos servidores de seu próprio pai... Um acúmulo de coincidências e de encontros totalmente improváveis. Mas não devemos considerar isso, no caso de Cervantes, como ingenuidade ou inabilidade. Os romances de então ainda não tinham celebrado com o leitor o pacto da verossimilhança. Não queriam simular o real, queriam divertir, impressionar, surpreender, encantar. Eram *lúdicos* e nisso é que residia sua virtuosidade. O começo do século XIX representa uma grande transformação na história do romance. Eu diria quase um choque. O imperativo da imitação do real de súbito tornou ridícula a taberna de Cervantes. O século XX se revolta muitas vezes contra a herança do século XIX. Contudo, o simples retorno à taberna cervântica não é mais possível. Entre ela e nós, a experiência do realismo do século XIX se interpôs, de modo que o jogo das coincidências improváveis não pode mais ser inocente. Ele se torna intencionalmente engraçado, irônico, paródico (*Les caves du Vatican* ou *Ferdydurke*, por exemplo) ou então fantástico, onírico. O que é o caso do primeiro romance de Kafka: *O desaparecido ou Amerika*. Leia o primeiro capítulo, com o encontro inteiramente inverossímil de Karl Rossmann e seu tio: é como uma lembrança nostálgica da taberna cervântica. Mas nesse romance as circunstâncias inverossímeis (até mesmo impossíveis) são evocadas com tal minúcia, tal ilusão do real, que se tem a impressão de penetrar num mundo que, embora inverossímil, é mais real que a realidade. Guardemos bem: Kafka entrou em seu primeiro universo "surreal" (em sua primeira "fusão do real e

99

do sonho") pela taberna de Cervantes, pela porta vaudevilesca.

C. S.: A palavra *vaudeville* sugere a ideia de um divertimento.

M. K.: Em seus primórdios, o grande romance europeu era um divertimento e todos os verdadeiros romancistas têm nostalgia disso! O divertimento não exclui aliás, de modo algum, a gravidade. Em *A valsa dos adeuses*, pergunta-se: o homem merece viver sobre esta terra, não é preciso "libertar o planeta das garras do homem"? Unir a extrema gravidade da questão e a extrema leveza da forma é minha ambição desde sempre. E não se trata de uma ambição puramente artística. A união de uma forma frívola e de um assunto grave desvenda nossos dramas (os que se passam em nossas camas assim como os que representamos no grande palco da História) em sua terrível insignificância.

C. S.: Existem pois duas formas-arquétipos em seus romances: 1. a composição polifônica que une os elementos heterogêneos em uma arquitetura fundamentada sobre o número sete; 2. a composição vaudevilesca, homogênea, teatral e que beira o inverossímil.

M. K.: Sonho sempre com uma grande infidelidade inesperada. Mas no momento não consegui escapar da bigamia dessas duas formas.

QUINTA PARTE
Em algum lugar do passado

Os poetas não inventam os poemas
O poema está em algum lugar do passado
Há muito, muito tempo ele está lá
O poeta apenas o descobre.

Jan Skacel

I

Meu amigo Josef Skvorecky conta em um de seus livros esta história verdadeira:

Um engenheiro de Praga é convidado para uma reunião científica em Londres. Ele vai, participa da discussão e volta para Praga. Algumas horas depois de sua volta, ele pega em seu escritório *Rude Pravo* — o jornal oficial do Partido — e nele lê: "Um engenheiro tcheco, delegado numa reunião em Londres, depois de ter feito diante da imprensa ocidental uma declaração em que caluniava sua pátria socialista, decidiu permanecer no Ocidente".

Uma emigração ilegal acrescentada a tal declaração não é uma bobagem. Isso valeria uns vinte anos de prisão. Nosso engenheiro não pode acreditar em seus olhos. Mas o artigo fala dele, não há dúvida. Sua secretária, ao entrar no escritório, fica apavorada ao vê-lo: "Meu Deus!", diz ela, "o senhor voltou! Não é prudente. O senhor leu o que escreveram sobre o senhor?".

O engenheiro viu o medo nos olhos de sua secretária. O que pode fazer? Precipita-se para a redação do *Rude Pravo*. Lá encontra o redator responsável. Esse se desculpa, é verdade, esse caso é realmente constrangedor, mas ele, redator-chefe, não tem nada com isso, recebeu o texto desse artigo diretamente do Ministério dos Negócios Interiores.

O engenheiro vai, portanto, ao ministério. Lá, dizem a ele sim, é claro que se trata de um erro, mas eles, no ministério, não têm nada com isso, receberam o relatório sobre o engenheiro do serviço secreto da embaixada de Londres. O engenheiro pede um desmentido. Dizem a ele não, um desmentido, isso não se faz, mas garantem que nada pode lhe acontecer, que ele pode ficar tranquilo.

Mas o engenheiro não se tranquiliza. Ao contrário, ele se dá conta rapidamente de que é de repente rigorosamente vigiado, que seu telefone está censurado e que é seguido na rua. Não pode mais dormir, tem pesadelos, até o dia em que, não suportando mais essa tensão, ele assume vários riscos reais para deixar ilegalmente o país. Tornou-se assim para sempre um emigrado.

2

A história que acabo de contar é uma das que podemos chamar sem hesitação *kafkiana*. Esse termo, tirado de uma obra de arte, determinado apenas pelas imagens de um romancista, aparece como o único denominador comum de situações (tanto literárias quanto reais) que nenhuma outra palavra permite apreender e para as quais nem a politicologia, nem a sociologia, nem a psicologia nos fornecem a chave.

Mas o que é afinal *kafkiano*?

Tentemos descrever alguns aspectos.

Primo:

O engenheiro é confrontado com o poder que tem o caráter de um *labirinto a perder de vista*. Ele jamais chegará ao fim de seus corredores infinitos e não conseguirá nunca encontrar quem formulou a sentença final. Está portanto na mesma situação que Joseph K. diante do tribunal ou do agrimensor K. diante do castelo. Eles estão todos no meio de um mundo que não é senão uma única, uma imensa instituição labiríntica da qual não podem livrar-se e que não podem compreender.

Antes de Kafka, os romancistas muitas vezes desmascararam as instituições como liças em que se chocavam diferentes interesses pessoais ou sociais. Em Kafka, a instituição é um mecanismo que obedece a suas próprias leis que foram programadas não se sabe mais por quem, nem quando, que não têm nada a ver com os interesses humanos e que são portanto ininteligíveis.

Secundo:

No capítulo v do *Castelo*, o prefeito da cidade explica a K., detalhadamente, a longa história de seu dossiê. Resumindo: há uns dez anos, uma proposta para contratar um agrimensor na cidade chega do castelo à prefeitura. A resposta escrita do prefeito é negativa (ninguém precisa de nenhum agrimensor) mas ela se perde num outro escritório e, assim, num jogo muito sutil de mal-entendidos burocráticos que se estendem por longos anos, um dia, por inadvertência, o convite é realmente enviado a K., justo no momento em que todos os escritórios envolvidos já estão em vias de liquidar a antiga proposta que tinha caducado. Depois de uma longa viagem, K. chegou portanto à cidade por engano. Mais que isso: tendo em vista que não há para ele nenhum outro mundo possível senão esse castelo com a cidade, *toda* a sua vida não é senão um erro.

No mundo kafkiano, o dossiê parece com a ideia platônica. Ele representa a verdadeira realidade, enquanto a existência física do homem não é senão o reflexo projetado sobre a tela das ilusões. Na verdade, o agrimensor K. e o engenheiro de Praga não são senão sombras de suas fichas; são ainda muito menos do que isso: eles são as sombras de um *erro* num dossiê, isto é, sombras não tendo nem mesmo direito à sua existência de sombras.

Mas se a vida do homem não é senão uma sombra e se a verdadeira realidade se acha noutro lugar, no inacessível, no inumano e sobre-humano, entramos de improviso na teologia. E, realmente, os primeiros exegetas de Kafka explicaram seus romances como uma parábola religiosa.

Essa interpretação me parece falsa (porque ela vê uma alegoria em que Kafka apreendeu situações concretas da vida humana), mas no entanto ela é reveladora: em todos os lugares em que o poder é endeusado, ele produz automaticamente sua própria teologia; em todo lugar em que ele se comporta como Deus, desperta em relação a si sentimentos religiosos; o mundo pode ser descrito com um vocabulário teológico.

Kafka não escreveu alegorias religiosas, mas o *kafkiano* (na realidade e na ficção) é inseparável de seu aspecto teológico (ou antes: *pseudoteológico*).

Tertio:
Raskolnikov não pode suportar o peso de sua culpabilidade e, para encontrar a paz, ele consente voluntariamente na punição. É a situação bem conhecida em que *a falta procura o castigo*.

Em Kafka, a lógica é invertida. Aquele que é punido não conhece a causa da punição. O absurdo do castigo é tão insuportável que, para encontrar a paz, o acusado quer encontrar uma justificativa para sua pena: *o castigo procura a falta*.

O engenheiro de Praga é punido pela vigilância intensa da polícia. Esse castigo reclama o crime que não foi cometido, e o engenheiro que foi acusado de emigrar acaba emigrando de fato. *O castigo finalmente encontrou a falta*.

Não sabendo de que é acusado, K. no capítulo VII do *Processo* se decide a examinar toda a sua vida, todo o seu passado "até os menores detalhes". A máquina da "autoculpabilização" foi posta em funcionamento. *O acusado procura sua falta*.

Um dia, Amália recebe uma carta obscena de um funcionário do castelo. Ofendida, ela a rasga. O castelo nem precisa culpar o comportamento temerário de Amália. O medo (o mesmo que o engenheiro viu nos olhos de sua secretária) age por si mesmo. Sem nenhuma ordem, sem nenhum sinal perceptível por parte do castelo, todo mundo evita a família de Amália como se ela fosse pestilenta.

O pai de Amália quer defender sua família. Mas tem uma dificuldade: não apenas o autor do veredicto não é encontrável, mas o próprio veredicto não existe! Para poder fazer um apelo, para pedir perdão, seria preciso primeiro ser acusado! O pai implora ao castelo que proclame o crime de sua filha. É pouco portanto dizer que o castigo procura a falta. Neste mundo pseudoteológico, *o castigado suplica que o reconheçam culpado*!

Acontece muitas vezes que, caído em desgraça, um cidadão de Praga hoje não possa encontrar nenhum emprego. Pede, em vão, um atestado estipulando que ele cometeu uma falta e que é proibido empregá-lo. O veredicto não é encontrável. E como, em Praga, o trabalho é um dever prescrito pela lei, ele acaba sendo acusado de parasitismo; isso quer dizer que ele é culpado de fugir do trabalho. *O castigo encontra a falta.*

Quarto:

A história do engenheiro de Praga tem o caráter de uma história engraçada, de uma brincadeira; ela provoca o riso.

Dois senhores, inteiramente comuns (não "inspetores" como nos faz acreditar a tradução francesa), surpreendem uma manhã Joseph K. em sua cama, declaram que ele está preso e tomam seu café da manhã. K., funcionário bem disciplinado, em vez de expulsá-los do apartamento, defende-se longamente diante deles, vestido de pijama. Quando Kafka leu para seus amigos o primeiro capítulo do *Processo*, todo mundo riu, inclusive o autor.

Philip Roth sonha com um filme rodado sobre *O castelo*: ele vê Groucho Marx no papel do agrimensor K., e Chico e Harpo no dos dois ajudantes. É, ele está inteiramente certo: o cômico é inseparável da própria essência do *kafkiano*.

Mas é um alívio insatisfatório, para o engenheiro, saber que sua história é cômica. Ele se encontra confinado na brincadeira de sua própria vida como um peixe num aquário; não acha isso engraçado. Na verdade, uma brincadeira não é engraçada senão para aqueles que estão *fora* do aquário; o *kafkiano*, ao contrário, nos leva para dentro, para as entranhas de uma brincadeira, para o *horrível do cômico*.

No mundo *kafkiano*, o cômico não representa um contraponto do trágico (o tragicômico) como é o caso em Shakespeare; ele não está ali para tornar o trágico mais suportável graças à leveza do tom; ele não *acompanha* o trágico, não, ele o *destrói no ovo,* privando assim as vítimas da única consolação que elas ainda possam esperar: aquela que se encontra na grandeza (verdadeira ou suposta) da tragédia. O engenheiro perdeu sua pátria e todo o auditório ri.

3

Existem períodos na história moderna em que a vida parece com os romances de Kafka.

Quando eu ainda vivia em Praga, quantas vezes ouvi chamar o secretariado do Partido (uma casa feia e mais para moderna) pelo nome de "castelo". Quantas vezes ouvi chamar o número dois do Partido (um certo camarada Hendrych) de Klamm (o que ficava ainda mais bonito porque "klam" em tcheco significa "miragem" ou "tapeação").

A., grande personalidade comunista, foi preso em consequência de um processo staliniano nos anos cinquenta. Em sua cela, escreveu a poesia em que se declarou fiel ao comunismo apesar de todos os horrores que lhe aconteceram. Não foi por covardia. O poeta viu na fidelidade (fidelidade a seus carrascos) o sinal de sua correção. Os habitantes de Praga que tiveram conhecimento desses poemas os apelidaram ironicamente *A gratidão de Joseph K.*

As imagens, as situações, e mesmo as frases precisas tiradas dos romances de Kafka, faziam parte da vida de Praga.

Dito isso, ficaríamos tentados a concluir: as imagens de Kafka estão vivas em Praga porque elas são a antecipação da sociedade totalitária.

Essa afirmação precisa no entanto ser corrigida: o *kafkiano* não é uma noção sociológica ou politicológica. Tentou-se explicar os romances de Kafka como uma crítica da sociedade industrial, da exploração, da alienação, da moral burguesa, em suma, do capitalismo. Mas, no universo de Kafka, não se encontra quase nada daquilo que constitui o capitalismo: nem o dinheiro e seu poder, nem o comércio, nem a propriedade e os proprietários, nem a luta de classes.

O *kafkiano* não corresponde tampouco à definição do totalitarismo. Nos romances de Kafka, não existe nem o partido, nem a ideologia e seu vocabulário, nem a política, nem a polícia, nem o exército.

Parece assim antes que o *kafkiano* representa uma possibilidade elementar do homem e de seu mundo, possibilidade historicamente não determinada, que acompanha o homem quase eternamente.

Mas essa precisão não faz desaparecer a questão: como é possível que em Praga os romances de Kafka se confundam com a vida, e como é possível que em Paris os mesmos romances sejam entendidos como a expressão hermética do mundo exclusivamente subjetivo do autor? Significa isso que a potencialidade do homem e de seu mundo que chamamos *kafkiano* se transforme mais facilmente em destinos concretos em Praga do que em Paris?

Existem tendências na história moderna que produzem o *kafkiano* na grande dimensão social: a concentração progressiva do poder tendendo a se divinizar; a burocratização da atividade social que transforma todas as instituições em *labirintos a perder de vista*; a despersonalização do indivíduo resultante disso.

Os Estados totalitários, como concentrações extremas dessas tendências, puseram em evidência as relações estreitas entre os romances de Kafka e a vida real. Mas se no Ocidente não se sabe ver essa relação, não é apenas porque a sociedade dita democrática é menos *kafkiana* do que a de Praga hoje. É também, me parece, porque perde-se aqui, fatalmente, o sentido do real. Pois a sociedade dita democrática também conhece o processo que despersonaliza e que burocratiza; todo o planeta tornou-se o cenário desse processo. Os romances de Kafka são uma hipérbole onírica e imaginária dele; o Estado totalitário é uma hipérbole prosaica e material.

Mas por que Kafka foi o primeiro romancista a captar essas tendências, que no entanto só se manifestaram no palco da História, com toda a clareza e brutalidade, depois de sua morte?

4

Se não queremos nos deixar enganar pelas mistificações e pelas lendas, não encontramos nenhum traço importante dos interesses políticos de Franz Kafka; nesse sentido, ele se diferenciou de todos os seus amigos de Praga, de Max Brod, de Franz Werfel, de Egon Erwin Kisch, assim como de todas as vanguardas que, pretendendo conhecer o sentido da História, se compraziam em evocar a face do futuro.

111

Como ocorre então que não seja pela obra deles, mas sim pela de seu companheiro solitário, introvertido e concentrado em sua própria vida e arte, que se pode receber hoje como uma profecia sociopolítica e que, por esse fato, é proibida numa grande parte do planeta?

Pensei nesse mistério um dia, depois de ter sido testemunha de uma pequena cena na casa de uma velha amiga. Essa mulher, durante os processos stalinistas de Praga em 1951, foi presa e julgada por crimes que ela não tinha cometido. Centenas de comunistas aliás se encontraram, na mesma época, na mesma situação que ela. Durante toda a vida eles se haviam identificado inteiramente com o Partido. Quando esse se tornou de repente um acusador, eles aceitaram, à semelhança de Joseph K., "examinar toda a sua vida passada até seus mínimos detalhes" para encontrar o erro escondido e, finalmente, confessar crimes imaginários. Minha amiga conseguiu salvar sua vida porque, graças a sua extraordinária coragem, ela se recusou a se colocar, como todos os seus camaradas, como o poeta A., "à procura de seu erro". Tendo recusado ajudar seus carrascos, ela se tornou inutilizável para o espetáculo do processo final. Assim, em vez de ser enforcada, ela foi apenas condenada à prisão perpétua. No fim de quinze anos, ela foi completamente reabilitada e libertada.

Prenderam essa mulher quando seu filho tinha um ano. Saindo da prisão, ela reencontrou portanto seu filho de dezesseis anos, e teve então a felicidade de viver com ele uma modesta solidão a dois. Nada é mais compreensível que ela tenha se apegado a ele apaixonadamente. Seu filho já tinha 26 anos quando, um dia, fui vê-los. Ofendida, humilhada, a mãe chorava. A causa era totalmente insignificante: o filho tinha se levantado tarde demais de manhã, ou alguma coisa parecida. Eu disse à mãe: "Por que se irritar com essa bobagem? Será que vale a pena chorar? Você exagera!".

Em lugar da mãe, o filho respondeu: "Não, minha mãe não exagera. Minha mãe é uma mulher excelente e corajosa. Ela soube resistir onde todo mundo fracassou. Ela quer que eu me torne um homem honesto. É verdade, eu me levantei tarde demais, mas o que minha mãe me censura é uma coisa mais profunda. É minha atitude. Minha atitude egoísta. Quero me tornar tal como minha mãe me quer. E prometo isso diante do senhor".

Aquilo que o Partido nunca conseguiu fazer com a mãe, a mãe conseguiu fazer com seu filho. Ela o constrangeu a se identificar com a acusação absurda, a ir "procurar seu erro", a fazer uma confissão pública. Olhei, estupefato, essa cena de um miniprocesso stalinista e compreendi de repente que os mecanismos psicológicos que funcionam no interior dos grandes acontecimentos históricos (aparentemente inacreditáveis e desumanos) são os mesmos que regem as situações íntimas (inteiramente banais e muito humanas).

5

A famosa carta que Kafka escreveu e nunca enviou a seu pai demonstra bem que é da família, da relação entre a criança e o poder endeusado dos pais, que Kafka tirou seu conhecimento da *técnica de culpabilização* que se tornou um dos grandes temas de seus romances. Em O *veredicto*, conto estreitamente ligado à experiência familiar do autor, o pai acusa seu filho e ordena-lhe que se afogue. O filho aceita a culpabilidade fictícia e vai se atirar no rio tão docilmente quanto, mais tarde, seu sucessor Joseph K., culpado por uma organização misteriosa, deixa que o executem. A semelhança entre as duas acusações, as duas culpabilizações e as duas execuções trai a continuidade que liga, na obra de Kafka, o íntimo "totalitarismo" familiar àquele de suas grandes visões sociais.

A sociedade totalitária, sobretudo em suas versões extremas, tende a abolir a fronteira entre o público e o particular; o poder, que se torna cada vez mais opaco, exige que a vida dos cidadãos seja transparente ao máximo. Esse ideal de *vida sem segredo* corresponde ao de uma família exemplar: um cidadão não tem o direito de dissimular o que quer que seja diante do Partido ou do Estado, do mesmo modo que uma criança não tem direito ao segredo perante seu pai ou sua mãe. As sociedades totalitárias, em sua propaganda, ostentam um sorriso idílico: elas querem parecer "uma só grande família".

Diz-se muitas vezes que os romances de Kafka exprimem o desejo apaixonado da comunidade e do contato humano; parece que o ser sem raízes que é K. tem apenas um objetivo: superar a maldição de sua solidão. Ora, essa explicação não é apenas um clichê, uma redução de sentido, mas um contrassenso.

O agrimensor K. não está absolutamente procurando conquistar as pessoas e seu afeto, ele não quer se tornar "um homem entre os homens" como o Orestes de Sartre; ele quer ser aceito não por uma comunidade, mas por uma instituição. Para alcançar isso, ele tem de pagar caro: deve renunciar a sua solidão. E aí está seu inferno: ele nunca está sozinho, os dois auxiliares enviados pelo castelo o seguem sem parar. Eles assistem ao seu primeiro ato de amor com Frieda, sentados acima dos amantes no balcão do café, e, a partir desse momento, não saem mais de perto da cama deles.

Não a maldição da solidão, mas a *solidão violada*, essa é a obsessão de Kafka!

Karl Rossmann é incomodado sem parar por todos; sua roupa é vendida; tiram-lhe a única fotografia de seus pais; no dormitório, ao lado de sua cama, rapazes lutam boxe e, de vez em quando, caem em cima dele; Robinson e Delamarche, dois canalhas, o forçam a viver junto com eles em sua casa, de maneira que os suspiros da gorda Brunelda ressoam em seu sono.

É pela violação da intimidade que começa também a história de Joseph K.: dois senhores desconhecidos vêm prendê-lo em sua cama. Desde esse dia, ele não se sentirá mais sozinho: o tribunal o seguirá, o observará e falará com ele; sua vida particular desaparecerá pouco a pouco, engolida que será pela organização misteriosa que o apavora.

As almas líricas que gostam de pregar a abolição do segredo e a transparência da vida particular não se dão conta do processo que iniciam. O ponto de partida do totalitarismo parece com o do *Processo*: virão surpreendê-lo em sua cama. Virão como gostavam de fazê-lo seu pai e sua mãe.

Muitas vezes se pergunta se os romances de Kafka são a projeção dos conflitos mais pessoais e particulares do autor, ou então a descrição da "máquina social" objetiva.

O *kafkiano* não se limita nem à esfera íntima nem à esfera pública; ele engloba as duas. O público é o espelho do particular, o particular reflete o público.

6

Ao falar das práticas microssociais que produzem o *kafkiano*, pensei não apenas na família, mas também na organização onde Kafka passou toda a sua vida adulta: o escritório.

Interpreta-se o herói de Kafka muitas vezes como a projeção alegórica do intelectual, mas Gregório Samsa não tem nada de intelectual. Quando ele acorda transformado em barata, ele não tem senão uma preocupação: como, nessa nova condição, chegar a tempo ao escritório? Ele não tem na cabeça senão a obediência e a disciplina às quais sua profissão o habituou: é um empregado, um *funcionário*, e todos os personagens de Kafka o são; funcionário concebido não apenas como um tipo sociológico (como teria sido o caso em um Zola), mas como uma possibilidade humana, uma maneira elementar de ser.

No mundo burocrático do funcionário, *primo*, não existem iniciativa, invenção, liberdade de ação; existem apenas ordens e regras: *é o mundo da obediência.*

Secundo, o funcionário executa uma pequena parte da grande ação administrativa da qual a finalidade e o horizonte lhe escapam; *é o mundo em que os gestos se tornaram mecânicos* e em que as pessoas não conhecem o sentido daquilo que fazem.

Tertio, o funcionário não lida senão com anônimos e dossiês: *é o mundo do abstrato.*

Situar um romance nesse mundo da obediência, do mecânico e do abstrato, em que a única aventura humana é ir de um escritório para outro, eis uma coisa que parece contrária à própria essência da poesia épica. Daí a pergunta: como Kafka conseguiu transformar essa matéria acinzentada antipoética em romances fascinantes?

Podemos encontrar a resposta numa carta que ele escreveu a Milena: "O escritório não é uma instituição estúpida; ele acentuaria mais o domínio do fantástico que do estúpido". A frase guarda um dos maiores segredos de Kafka. Ele soube ver aquilo que ninguém viu: não apenas a importância capital do fenômeno burocrático para o homem, para sua condição e para seu futuro, mas também (o que é ainda mais surpreendente) a potencialidade poética contida no caráter fantasmático dos escritórios. Mas isso significa: o escritório acentuaria o fantástico?

O engenheiro de Praga saberia compreendê-lo: um erro em seu dossiê levou-o para Londres; desse modo ele vagou em Praga, verdadeiro *fantasma*, à procura do *corpo perdido*, enquanto os escritórios que ele visitava apareciam-lhe como um *labirinto a perder de vista* originado de uma *mitologia* desconhecida.

Graças ao fantástico que ele soube perceber no mundo burocrático, Kafka conseguiu aquilo que parecia impensável antes dele: transformar uma matéria profundamente antipoética, a da sociedade burocratizada ao extremo, em poesia de romance de primeira classe; transformar uma história extremamente banal, a de um homem que não pode conseguir o lugar prometido (o que é na realidade a história do *Castelo*) em mito, em epopeia, em beleza jamais vista.

Depois de ter ampliado o cenário dos escritórios às dimensões gigantescas de um universo, Kafka conseguiu, sem dúvida alguma, transmitir uma imagem que nos fascina por sua semelhança com a sociedade que ele jamais conheceu, que é a dos habitantes de Praga de hoje.

Na verdade, um Estado totalitário não é senão uma imensa administração: tendo em vista que nele todo o trabalho é estatizado, as pessoas de todas as profissões tornaram-se *funcionários*. Um operário não é mais um operário, um juiz não é mais um juiz, um comerciante não é mais um comerciante, um pároco não é mais um pároco, eles são todos funcionários do Estado. "Pertenço ao tribunal", diz o padre a Joseph K., na catedral. Os advogados também, em Kafka, estão a serviço do tribunal. Um morador de Praga hoje não se espanta com isso. Ele não seria mais bem definido do que K. Seus advogados também não estão a serviço dos acusados, mas do tribunal.

7

Num ciclo de cem estrofes de quatro versos que, com uma simplicidade quase infantil, sondam o mais grave e o mais complexo, o grande poeta tcheco escreve:

> *Os poetas não inventam os poemas*
> *O poema está em algum lugar do passado*
> *Há muito tempo ele está lá*
> *O poeta apenas o descobre.*

Escrever significa portanto para o poeta romper uma barreira por trás da qual alguma coisa de imutável ("o poema") está escondida na sombra. É por isso (graças a esse desvendar surpreendente e súbito) que "o poema" se apresenta a nós em primeiro lugar como um *ofuscamento*.

Li pela primeira vez *O castelo* quando tinha catorze anos e nunca mais esse livro me encantará a tal ponto, se bem que todo o vasto conhecimento que ele contém (todo o alcance real do *kafkiano*) me tenha sido então incompreensível; fiquei ofuscado.

Mais tarde minha vista se acomodou à luz do "poema" e comecei a ver naquilo que tinha me ofuscado minha própria vivência; no entanto, a luz continuava sempre lá. Imutável, "o poema" nos espera, diz Jan Skacel, "há muito muito tempo". Ora, no mundo da mudança perpétua, o imutável não é pura ilusão?

Não. Toda circunstância é causada pelo homem e não pode conter senão aquilo que está nela; podemos portanto imaginar que ela existe (ela e toda a sua metafísica) "há muito muito tempo" como possibilidade humana.

Mas, nesse caso, o que representa a História (o não imutável) para o poeta?

Aos olhos do poeta, a História se encontra, coisa estranha, numa posição paralela a sua própria posição: ela não *inventa*, ela *descobre*. Pelas circunstâncias inéditas, ela desvenda o que é o homem, o que está nele "há muito muito tempo", o que são suas possibilidades.

Se o "poema" já está lá, seria ilógico conceder ao poeta a capacidade de *previsão*; não, ele "apenas descobre" uma possibilidade humana (esse "poema" que está lá "há muito muito tempo") que a História também, por sua vez, descobrirá um dia.

Kafka não profetizou. Ele apenas viu aquilo que estava "em algum lugar do passado". Ele não sabia que sua visão era também uma previsão. Ele não tinha a intenção de desmascarar um sistema social. Ele pôs em evidência os mecanismos que conhecia pela prática íntima e microssocial do homem, não duvidando que a evolução posterior da História os poria em movimento em seu grande palco.

O olhar hipnótico do poder, a procura desesperada de seu próprio erro, a exclusão e a angústia de ser excluído, a condenação ao conformismo, o caráter fantasmático do real e a realidade mágica do dossiê, a violação perpétua da vida íntima etc., todas essas experiências que a História fez com o homem em suas imensas provetas, Kafka as fez (alguns anos antes) em seus romances.

O encontro do universo real dos Estados totalitários e do "poema" de Kafka guardará sempre alguma coisa de misterioso, e testemunhará que o ato do poeta, por sua própria essência, é incalculável; e paradoxal: o enorme alcance social, político, "profético" dos romances de Kafka reside justamente no seu "não engajamento", isto é, em sua autonomia total em relação a todos os programas políticos, conceitos ideológicos, prognósticos futurológicos.

Na verdade, se, em vez de procurar "o poema" escondido "em algum lugar do passado", o poeta "se engaja" a servir uma verdade conhecida anteriormente (que se oferece ela mesma e que está lá "antes"), renuncia assim à missão própria da poesia. E pouco importa que a verdade preconcebida se chame revolução ou dissidência, fé cristã ou ateísmo, que seja mais justa ou menos justa; o poeta a serviço de uma outra verdade que não seja aquela *a descobrir* (que é *ofuscamento*) é um falso poeta.

Se eu me apego tão ardorosamente à herança de Kafka, se o defendo como minha herança pessoal, não é porque acredito que seja útil imitar o inimitável (e descobrir mais uma vez o *kafkiano*), mas por causa desse formidável exemplo de *autonomia radical* do romance (da poesia que é o romance). Graças a ele, Franz Kafka disse sobre nossa condição humana (tal como ela se revela no século xx) aquilo que nenhuma reflexão sociológica ou politicológica poderá nos dizer.

SEXTA PARTE
Sessenta e três palavras

Em 1968 e 1969, A brincadeira *foi traduzido em todas as línguas ocidentais. Entretanto, quantas surpresas! Na França, o tradutor reescreveu o romance enfeitando meu estilo. Na Inglaterra, o editor cortou todas as passagens de reflexão, eliminou os capítulos musicológicos, mudou a ordem das partes, recompôs o romance. Um outro país. Encontro meu tradutor: ele não sabe uma só palavra de tcheco. "Como você traduziu?" Ele responde: "Com meu coração", e me mostra minha foto que tira de sua carteira. Ele era tão simpático que quase cheguei a acreditar que se podia realmente traduzir graças a uma telepatia do coração. Na verdade, era mais simples: ele tinha traduzido do texto reescrito em francês, assim como o tradutor na Argentina. Um outro país: traduziram do tcheco. Abro o livro e por acaso caio no monólogo de Helena. As longas frases, cada uma das quais ocupa em minha escrita um parágrafo inteiro, estão divididas em uma multidão de frases simples... O choque causado pelas traduções de A* brincadeira *me marcou para sempre. Felizmente, mais tarde, encontrei tradutores fiéis. Mas também, infelizmente, menos fiéis... Contudo, para mim que praticamente não tenho mais o público tcheco, as traduções representam* tudo. *É por isso que, há alguns anos, me decidi enfim a pôr ordem nas edições estrangeiras de meus livros. Tal coisa não se fez sem conflitos nem sem fadiga: a leitura, o controle, a revisão de meus romances, antigos e novos, nas três ou quatro línguas estrangeiras que sei ler ocuparam inteiramente todo um período de minha vida...*

O autor que se empenha em cuidar das traduções de seus romances corre atrás das inúmeras palavras como um pastor atrás de um rebanho de carneiros selvagens; triste figura para si mesmo, risível para os outros. Desconfio que meu amigo Pierre Nora, diretor da revista Le Débat, *compreendeu bem o aspecto tristemente cômico da minha existência de pastor. Um dia, com mal dissimulada compaixão, me disse: "Esqueça afinal seus tormentos e escreva alguma coisa para mim. As traduções obrigaram você a refletir sobre cada uma de suas palavras. Escreva pois seu dicionário pessoal. Dicionário de seus romances. Suas palavras-chave, suas palavras-problema, suas palavras-amor...".*

Eis aí, está pronto.

AFORISMO. Da palavra grega *aphorismos*, que significa "definição".

Aforismo: forma poética da definição. (Ver: DEFINIÇÃO.)

BELEZA (e conhecimento). Aqueles que dizem como Broch que o conhecimento é a única moral do romance são traídos pela aura metálica da palavra "conhecimento", comprometida demais por seu vínculo com as ciências. É preciso pois acrescentar: todos os aspectos da existência que o romance descobre, ele os descobre como beleza. Os primeiros romancistas descobriram a aventura. Graças a eles a aventura nos parece bela e somos apaixonados por ela. Kafka descreveu a situação do homem tragicamente preso em uma cilada. Os kafkólogos, antigamente, discutiram muito se o autor nos concedia ou não uma esperança. Não, nenhuma esperança. Outra coisa. Mesmo essa situação insuportável, Kafka a expõe como estranha, triste beleza. Beleza, a última vitória possível do homem que não tem mais esperança. Beleza na arte: luz subitamente acesa do jamais-dito. Essa luz que irradia dos grandes romances, o tempo não consegue obscurecer pois, sendo a existência humana perpetuamente esquecida pelo homem, as descobertas dos romancistas, por antigas que sejam, nunca poderão cessar de nos surpreender.

CARACTERES. Letras impressas. Publicam-se livros com caracteres cada vez menores. Eu imagino o fim da literatura: pouco a pouco, sem que ninguém perceba, os caracteres diminuirão até que se tornem inteiramente invisíveis.

CHAPÉU. Objeto mágico. Lembro-me de um sonho: um menino de dez anos está à beira de um lago, com um grande chapéu negro na cabeça. Joga-se na água. Retiram-no, afogado. Ele continua com aquele chapéu preto na cabeça.

COLABORAÇÃO. As situações históricas sempre novas desvendam as possibilidades constantes do homem e nos permitem denominá-las. Assim, a palavra colaboração adquiriu, durante a guerra contra o nazismo, um novo sentido: estar voluntariamente a serviço de um poder ignóbil. Noção fundamental! Como é que a humanidade pôde viver sem ela até 1944? Uma vez achada a palavra, percebe-se cada vez mais que a atividade do homem tem o caráter de uma colaboração. Todos os que enaltecem o clamor da mídia, o sorriso imbecil da publicidade, o esquecimento da natureza, a indiscrição elevada à condição de virtude, devem ser denominados: *colaboradores do moderno*.

CÔMICO. Oferecendo-nos a bela ilusão da grandeza humana, o trágico nos traz uma consolação. O cômico é mais cruel: revela-nos brutalmente a insignificância de tudo. Suponho que todas as coisas humanas têm seu aspecto cômico, que, em alguns casos, é reconhecido, admitido, explorado, em outros, velado. Os verdadeiros gênios do cômico não são os que mais nos fazem rir, mas os que desvendam uma *zona desconhecida do cômico*. A história sempre foi considerada como um território exclusivamente sério. Ora, existe o desconhecido cômico da História. Como existe o cômico (difícil de ser aceito) da sexualidade.

DEFINIÇÃO. A trama meditativa do romance é sustentada pela armadura de algumas palavras abstratas. Se eu não quiser cair na imprecisão em que todo mundo pensa compreender tudo sem nada compreender, é necessário não apenas que eu escolha essas palavras com extrema precisão, mas que as defina e torne a definir. (Ver: DESTINO, FRONTEIRA, LEVEZA, LIRISMO, TRAIR.) Frequentemente um romance não é, parece-me, senão uma longa perseguição de algumas definições fugidias.

DESTINO. Chega o momento em que a imagem de nossa vida se separa da própria vida, torna-se independente e, pouco a pouco, começa a nos dominar. Já em *A brincadeira*: "[...] não havia nenhum meio de retificar a imagem de minha pessoa, depositada por um tribunal supremo dos destinos humanos; compreendi que essa imagem (mesmo sendo pouco semelhante) era infinitamente mais real do que eu mesmo; que ela não era de maneira alguma minha sombra, mas que eu era a sombra de minha imagem; que não era possível acusá-la de não se parecer comigo, mas que era eu o culpado dessa falta de semelhança".

E em *O livro do riso e do esquecimento*: "O destino não tem intenção de levantar nem ao menos o dedo mindinho por Mirek (por sua felicidade, sua segurança, seu bom humor e sua saúde), enquanto Mirek está pronto a fazer tudo por seu destino (por sua grandeza, sua clareza, sua beleza, seu estilo e seu sentido). Ele se sente responsável por seu destino, mas seu destino não se sente responsável por ele".

Ao contrário de Mirek, o personagem hedonista do quadragenário se agarra ao "idílio de seu não destino". (Ver: idílio.) Com efeito, um hedonista se defende contra a transformação de sua vida em destino. O destino nos vampiriza, nos pesa, é como uma bola de ferro amarrada em nossos tornozelos. (O quadragenário, diga-se de passagem, me é o mais próximo de todos os meus personagens.)

ELITISMO. A palavra elitismo só surge na França em 1967, a palavra elitista, em 1968. Pela primeira vez na história, a própria língua lança sobre a noção de elite uma iluminação de negatividade, quando não de desprezo.

A propaganda oficial nos países comunistas começou a fustigar o elitismo e os elitistas ao mesmo tempo.

Por essas palavras, ela visava não empresários, esportistas célebres ou políticos, mas exclusivamente a elite cultural, filósofos, escritores, professores, historiadores, homens de cinema e de teatro. Sincronismo espantoso. Faz pensar que é em toda a Europa que a elite cultural está cedendo seu lugar a outras elites. A elite da máquina policial, lá. A elite da máquina midiática, aqui. A essas novas elites ninguém acusará de elitismo. Assim, a palavra elitismo em breve cairá no esquecimento. (Ver: EUROPA.)

ENTREVISTA. Maldito seja o escritor que permitiu pela primeira vez que um jornalista reproduzisse livremente suas opiniões! Ele começou o processo que só poderá levar o escritor ao desaparecimento: aquele que é responsável por cada uma de suas palavras. No entanto, gosto muito do *diálogo* (forma literária maior) e fiquei feliz com muitos colóquios refletidos, compostos, redigidos em concordância comigo. Ora, a entrevista tal como é praticada em geral não tem nada a ver com um diálogo: 1) o entrevistador faz a você perguntas interessantes para ele, sem interesse para você; 2) de suas respostas, ele utiliza apenas aquelas que lhe convêm; 3) ele as traduz para seu vocabulário, na sua maneira de pensar. Imitando o jornalismo americano, ele não se dignará nem mesmo a fazer com que você aprove aquilo que fez você dizer. A entrevista aparece. Você se consola: será esquecida depressa! Absolutamente: ela será citada! Mesmo os universitários mais escrupulosos não distinguem mais as palavras que um escritor escreveu e assinou e suas opiniões reproduzidas. (Precedente histórico: *Conversas com Kafka*, de Gustav Janouch, mistificação que, para os kafkianos, é fonte inesgotável de citações.) Em junho de 1985, decidi firmemente: entrevistas nunca mais. Apenas diálogos, corredigidos por mim, acompanhados de meu copyright; qualquer outra opinião atribuída a mim deve ser considerada, a partir dessa data, como falsa.

ESQUECIMENTO. "A luta do homem contra o poder é a luta da memória contra o esquecimento." Essa frase de *O livro do riso e do esquecimento*, pronunciada por um personagem, Mirek, é frequentemente citada como a mensagem do romance. É que o leitor reconhece em um romance, de início, o "já conhecido". O "já conhecido" desse romance é o famoso tema de Orwell: o esquecimento imposto por um poder totalitário. Mas a originalidade do relato sobre Mirek eu vi inteiramente sob outro aspecto. Esse Mirek que, com todas as suas forças, se defende para que não o esqueçam (ele e seus amigos e seu combate político) faz ao mesmo tempo o impossível para fazer esquecer a outra (sua ex-amante, de quem se envergonha). Antes de se tornar um problema político, o querer do esquecimento é um problema antropológico; desde sempre, o homem conhece o desejo de reescrever sua própria biografia, de mudar o passado, de apagar os vestígios, os seus e os dos outros. O querer do esquecimento está longe de ser uma simples tentação de enganar. Sabina não tem motivo algum para esconder o que quer que seja, entretanto é impelida pelo desejo irracional de se fazer esquecer. O esquecimento: ao mesmo tempo injustiça absoluta e consolação absoluta.

EUROPA. Na Idade Média, a unidade europeia repousava sobre a religião comum. Na época dos tempos modernos, ela cedeu lugar à cultura (à criação cultural), que se tornou a realização dos valores supremos pelos quais os europeus se reconheciam, se definiam, se identificavam. Ora, a cultura hoje cede, por seu turno, o lugar. Mas a que e a quem? Qual é o domínio em que se realizarão valores supremos suscetíveis de unir a Europa? As façanhas técnicas? O mercado? A política com o ideal de democracia, com o princípio de tolerância? Mas essa tolerância, se não protege mais nenhuma criação rica nem pensamento forte algum, não se torna vazia e inútil? Ou então, pode-se compreender a renúncia da cultura como uma espécie de libertação à qual é preciso abandonar-se com euforia? Nada sei sobre isso. Creio somente saber que a cultura já cedeu o lugar. Assim, a imagem da identidade europeia se distancia no passado. Europeu: aquele que tem a nostalgia da Europa.

EUROPA CENTRAL. Século XVII: a imensa força do barroco impõe a essa região, multinacional e, portanto, policêntrica, de fronteiras movediças e indefiníveis, uma certa unidade cultural. A sombra demorada do catolicismo barroco se prolonga pelo século XVIII: nenhum Voltaire, nenhum Fielding. Na hierarquia das artes, é a música que ocupa o primeiro lugar. Desde Haydn (e até Schönberg e Bártok) o centro de gravidade da música europeia se acha aqui. Século XIX: alguns grandes poetas mas nenhum Flaubert; o espírito do Biedermeier: o véu do idílio atirado sobre o real. No século XX, a revolta. Os maiores espíritos (Freud, os romancistas) revalorizam o que foi, durante séculos, mal conhecido e desconhecido: a racional lucidez desmistificadora; o senso do real; o romance. A revolta deles é exatamente o oposto da do modernismo francês, antirracionalista, antirrealista, lírica (isso causará muitos mal-entendidos). A plêiade de grandes romancistas centro-europeus: Kafka, Hasek, Musil,

Broch, Gombrowicz: sua aversão pelo romantismo; seu amor pelo romance pré-balzaquiano e pelo espírito libertino (Broch interpretando o kitsch como uma conspiração do puritanismo monogâmico contra o Século das Luzes); sua desconfiança a respeito da História e da exaltação do futuro; seu modernismo fora das ilusões da vanguarda. A destruição do Império, depois, após 1945, a marginalização cultural da Áustria e a não existência política dos outros países fazem da Europa Central o espelho premonitório do destino possível de toda a Europa, o laboratório do crepúsculo.

EUROPA CENTRAL (e Europa). No texto de uma reportagem, o editor pretende situar Broch em um contexto bastante centro-europeu: Hofmannsthal, Svevo. Broch protesta. Se pretendem compará-lo a alguém, então que seja a Gide e a Joyce! Queria ele com isso renegar seu "centro-europeísmo"? Não, queria somente dizer que os contextos nacionais, regionais de nada servem quando se trata de apreender o sentido e o valor de uma obra.

EXCITAÇÃO. Não prazer, gozo, sentimento, paixão. A excitação é o fundamento do erotismo, seu enigma mais profundo, sua palavra-chave.

FLUIR. Em uma carta, Chopin descreve sua estada na Inglaterra. Ele toca nos salões e as senhoras exprimem sempre seu encantamento com a mesma frase: "Oh, que bonito! Flui como a água!". Chopin se irritava com isso, como eu quando ouço uma tradução ser avaliada com a mesma fórmula: "Isso flui bem". Os adeptos da tradução "que flui bem" objetam sempre aos meus tradutores: "Não se diz isso dessa forma em alemão (em inglês, em espanhol etc.)!". Eu lhes respondo: "Mas em tcheco também não se diz assim!". Roberto Calasso, meu muito caro editor italiano, repete: "Reconhece-se uma boa tradução não por sua fluidez mas por todas essas fórmulas insólitas e originais (que "não se dizem") que o tradutor teve a coragem de conservar e defender. Até mesmo o insólito da pontuação. Abandonei outrora um editor apenas porque ele tentava alterar meus pontos e vírgulas para vírgulas.

FRONTEIRA. "Bastava tão pouco, tão infinitamente pouco, para se encontrar do outro lado da fronteira além da qual nada mais tinha sentido: o amor, as convicções, a fé, a História. Todo o mistério da vida humana consistia no fato de que ela se desenrola em proximidade imediata e mesmo em contato direto com essa fronteira, que ela não fica separada dessa por quilômetros, mas apenas por um milímetro" (*O livro do riso e do esquecimento*).

GRAFOMANIA. Não é a mania de "escrever cartas, diários íntimos, crônicas familiares (isto é, escrever para si ou para seus próximos), mas de escrever livros (portanto ter um público de leitores desconhecidos)" (*O livro do riso e do esquecimento*). Não é a mania de criar uma forma, mas de impor o seu eu aos outros. A mais grotesca versão da vontade de poder.

IDEIAS. A aversão que experimento por aqueles que reduzem uma obra a suas ideias. O horror que tenho de ser arrastado ao que se denomina "debates de ideias". O desespero que me inspira a época obscurecida pelas ideias, indiferente às obras.

IDÍLIO. Palavra raramente utilizada na França, mas que era um importante conceito para Hegel, Goethe, Schiller: o estado do mundo antes do primeiro conflito; ou, fora dos conflitos; ou, com conflitos que não passam de mal-entendidos, por conseguinte falsos conflitos. "Embora sua vida amorosa fosse extremamente variada, o quadragenário era no fundo um idílico" (*A vida está em outro lugar*). O desejo de conciliar a aventura erótica com o idílio é a própria essência do hedonismo — e a razão pela qual o ideal hedonista é inacessível ao homem.

IMAGINAÇÃO. O que você quis dizer com a história de Tamina na ilha das crianças?, me perguntam. Essa história foi no princípio um sonho que me fascinou, que em seguida sonhei em estado de vigília, e que ampliei e aprofundei escrevendo. Seu sentido? Caso queira: uma imagem onírica de um porvir infantocrático. (Ver: infantocracia.) Entretanto, esse sentido não precedeu o sonho, foi o sonho que precedeu o sentido. É preciso portanto ler essa narrativa deixando-se transportar pela imaginação. Sobretudo não como um enigma a decifrar. Foi esforçando--se para decifrá-lo que os kafkólogos mataram Kafka.

INEXPERIÊNCIA. Primeiro título considerado para *A insustentável leveza do ser*: "O planeta da inexperiência". A inexperiência como uma qualidade da condição humana. Nasce-se uma vez por todas, jamais se poderá recomeçar uma outra vida com as experiências da vida precedente. Sai-se da infância sem saber o que é a juventude, casa-se sem saber o que é ser casado, e mesmo, quando entramos na velhice, não sabemos para onde vamos: os velhos são crianças inocentes de sua velhice. Nesse sentido, a terra do homem é o planeta da inexperiência.

INFANTOCRACIA. "Um motociclista avançava na rua vazia, braços e pernas em O, e subia a avenida com um som de trovão; seu rosto refletia a seriedade de uma criança que dá aos seus gritos a maior importância" (Musil em *O homem sem qualidades*). A seriedade de uma criança: o rosto da Idade Técnica. A infantocracia: o ideal da infância imposto à humanidade.

IRONIA. Quem tem razão e quem está errado? Ema Bovary é abominável? Ou corajosa e comovente? E Werther? Sensível e nobre? Ou um sentimental agressivo, apaixonado por si mesmo? Quanto mais atentamente se lê o romance, mais impossível se torna a resposta pois, por definição, o romance é a arte irônica: sua "verdade" é oculta, não pronunciada, não pronunciável. "Lembre-se, Razumov, que as mulheres, as crianças e os revolucionários execram a ironia, negação de todos os instintos generosos, de toda fé, de todo devotamento, de toda ação!", diz Joseph Conrad a uma revolucionária russa em *Sob os olhos do Ocidente*. A ironia irrita. Não que ela zombe ou ataque, mas porque nos priva das certezas, desvendando o mundo como ambiguidade. Leonardo Sciascia: "Nada mais difícil de compreender, mais indecifrável que a ironia". Inútil querer tornar um romance "difícil" pela afetação do estilo; cada romance digno desse nome, por mais límpido que seja, é suficientemente difícil por sua ironia consubstancial.

JUVENTUDE. "Uma onda de raiva contra mim mesmo me inundou, raiva contra minha idade de então, contra a estúpida *idade lírica*" (*A brincadeira*).

KITSCH. Quando eu escrevia *A insustentável leveza do ser*, fiquei um pouco inquieto por ter feito da palavra kitsch uma das palavras-pilar do romance. Na verdade, ainda recentemente, essa palavra era quase desconhecida na França, ou então conhecida em um sentido muito empobrecido. Na versão francesa do célebre ensaio de Hermann Broch, a palavra "kitsch" é traduzida por "arte de carregação". Um contrassenso, pois Broch demonstra que o kitsch é coisa diferente de uma simples obra de mau gosto. Existe a atitude kitsch. O comportamento kitsch. A necessidade kitsch do homem-kitsch (*Kitschmensch*): é a necessidade de se olhar no espelho da mentira embelezante e ali se reconhecer com comovida satisfação. Para Broch, o kitsch está historicamente ligado ao romantismo sentimental do século XIX. Visto que na Alemanha e na Europa Central do século XIX era muito mais romântico (e muito menos realista) que em outra parte, foi lá que o kitsch desabrochou além da medida, foi lá que a palavra kitsch nasceu, e que ainda é usada correntemente. Em Praga, vimos no kitsch o inimigo principal da arte. Não na França. Aqui, à arte verdadeira se opõe o divertimento. À grande arte, a arte simples, menor. Mas, quanto a mim, nunca me irritei com os romances policiais de Agatha Christie! Em compensação, Tchaikóvski, Rachmaninoff, Horowitz no piano, os grandes filmes hollywoodianos, *Kramer versus Kramer*, *Doutor Jivago* (oh, pobre Pasternak!), é o que profunda e sinceramente detesto. E fico cada vez mais irritado pelo espírito do kitsch presente nas obras cuja forma se pretende modernista. (Acrescento: a aversão que Nietzsche experimentou pelas "palavras bonitas" e pelos "casacos com ornamentos" de Victor Hugo foi a repugnância pelo kitsch em seus prenúncios.)

LEVEZA. Já encontro a insustentável leveza do ser em *A brincadeira*: "Caminhei sobre os paralelepípedos poeirentos e senti a pesada leveza do vazio que pesava sobre minha vida".

E em *A vida está em outro lugar*: "Jaromil tinha às vezes sonhos horríveis: sonhava que tinha de levantar um objeto extremamente leve, uma xícara de chá, uma colher, uma pena, e que não conseguia fazê-lo, que ele era tanto mais fraco quanto mais leve era o objeto, que sucumbia sob sua leveza".

E em *A valsa dos adeuses*: "Raskolnikov viveu seu crime como uma tragédia e acabou sucumbindo sob o peso de seu ato. E Jakub se admira que seu ato seja tão leve que não o estafe, que não pese nada. E se pergunta se essa leveza não é mais aterrorizadora que os sentimentos histéricos do herói russo".

E *O livro do riso e do esquecimento*: "Esse vazio no estômago é exatamente a insuportável ausência de peso. E, assim como um extremo pode a qualquer momento transformar-se em seu contrário, a leveza levada ao seu máximo tornou-se o terrível *peso da leveza*, e Tamina sente que não poderá suportá-lo nem mais um segundo".

Foi somente relendo as traduções de todos os meus livros que me dei conta, consternado, dessas repetições! Depois, consolei-me: todos os romancistas só escrevem, talvez, uma espécie de *tema* (o primeiro romance) *com variações*.

LÍRICO. Em *A insustentável leveza do ser*, fala-se de dois tipos de conquistadores: conquistadores líricos (em cada mulher procuram seu próprio ideal) e conquistadores épicos (procuram nas mulheres a diversidade infinita do mundo feminino). Isso corresponde à distinção clássica do lírico, do épico (e do dramático), distinção que só apareceu no fim do século XVIII na Alemanha e foi magistralmente desenvolvida em *A estética*, de Hegel: o lírico é a expressão da subjetividade que se confessa; o épico vem da paixão de se apossar da objetividade do mundo. O lírico e o épico ultrapassam para mim o domínio estético, eles representam duas atitudes possíveis do homem a respeito de si mesmo, do mundo, dos outros (a idade lírica = a idade da juventude). Lamento, essa concepção do lírico e do épico é tão pouco familiar aos franceses que fui obrigado a consentir que, na tradução francesa, o conquistador lírico se torne o amante romântico, e o conquistador épico, o amante libertino. A melhor solução; mas que assim mesmo me entristeceu um pouco.

LIRISMO (e revolução). "O lirismo é uma embriaguez, e o homem se embriaga para se confundir mais facilmente com o mundo. A revolução não quer ser estudada e observada, ela quer que estejam de acordo com ela; é nesse sentido que é lírica e que o lirismo lhe é necessário" (*A vida está em outro lugar*). "A parede atrás da qual homens e mulheres estavam aprisionados era inteiramente atapetada de versos e, diante dessa parede, se dançava. Ah não, não uma dança macabra. Ali a inocência dançava! A inocência com seu sorriso sangrento" (*A vida está em outro lugar*).

LITANIA. Repetição: princípio da composição musical. Litania: palavra transformada em música. Eu gostaria que o romance, em suas passagens reflexivas, se transformasse de vez em quando em canto. Eis uma passagem de litania em *A brincadeira* composta sobre a palavra *lar*:

> [...] e parecia-me que no interior dessas canções se encontrava minha saída, minha marca original, o lar que eu traíra,

mas que era ainda meu lar (já que o lamento mais pungente vem do lar traído); mas eu compreendia ao mesmo tempo que esse lar não era deste mundo (mas que lar é esse, se não é deste mundo?), que tudo o que cantávamos era apenas uma lembrança, um monumento, a conservação imaginária daquilo que não existe mais, e sentia que o chão desse lar fugia dos meus pés e que eu escorregava, com a clarineta nos lábios, na profundeza dos anos, dos séculos, numa profundeza sem fundo, e pensava com espanto que meu único lar era justamente essa descida, essa queda, indagadora e ávida, e abandonava-me a ela e à volúpia de minha vertigem.

Na primeira edição francesa, todas as repetições foram substituídas por sinônimos:

[...] e parecia-me que no interior dessas coplas eu estava *em minha casa*, que eu tinha saído delas, que sua entidade era meu signo de origem, meu lar que, por ter sofrido minha prevaricação, me *pertencia ainda mais* (pois que o lamento mais pungente se eleva do ninho que desmerecemos); é verdade que eu compreendia incontinenti que ele não era deste mundo (mas de qual abrigo pode se tratar, se ele não está situado aqui embaixo?), mas que a carne de nossos cantos e de nossas melodias tinha apenas a espessura da lembrança, monumento, sobrevivência metafórica de um real fabuloso que não existe mais e eu sentia sob meus pés fugir o embasamento continental desse lar, eu me sentia escorregar, com a clarineta nos lábios, lançado no precipício dos anos, dos séculos, em um abismo sem fundo e me dizia, totalmente espantado, que essa descida era meu único refúgio, essa queda indagadora, ávida, e assim me deixar resvalar, inteiramente na volúpia de minha vertigem.

Os sinônimos destruíram não somente a melodia do texto como também a clareza do sentido. (Ver: RE-PETIÇÕES.)

MACHO (e misógino). O macho adora a feminilidade e deseja dominar o que adora. Exaltando a feminilidade arquetípica da mulher dominada (sua maternidade, sua fecundidade, sua fragilidade, seu caráter caseiro, seu sentimentalismo etc.), ele exalta sua própria virilidade. Em compensação, o misógino tem horror da feminilidade, foge das mulheres excessivamente mulheres. O ideal do macho: a família. O ideal do misógino: ser solteiro com muitas amantes; ou: casado com uma mulher amada sem filhos.

MEDITAÇÃO. Três possibilidades elementares do romancista: ele *narra* uma história (Fielding), ele *descreve* uma história (Flaubert), ele *pensa* uma história (Musil). A descrição romanesca do século XIX estava em harmonia com o espírito (positivista, científico) da época. No século XX, basear um romance numa meditação contínua vai contra o espírito da época, que definitivamente não gosta mais de pensar.

METÁFORA. Não gosto delas se são apenas um enfeite. E não penso só nos clichês como "o tapete verde de um prado", mas também, por exemplo, em Rilke: "O riso deles escorria de suas bocas como feridas purulentas". Ou então: "Sua prece já se desfolha e se eleva de sua boca como um arbusto morto" (*Cadernos de Malte Laurids Brigge*). Em compensação, a metáfora me parece insubstituível como meio de captar, numa súbita revelação, a inacessível essência das coisas, das situações, dos personagens. A metáfora-definição. Por exemplo, em

Broch, a da atitude existencial de Esch: "Ele desejava a claridade sem equívoco: queria criar um mundo de uma simplicidade tão clara que sua solução pudesse estar ligada a essa claridade como a um pilar de ferro" (*Os sonâmbulos*). Minha regra: muito poucas metáforas num romance; mas estas devem ser seus pontos culminantes.

MISÓGINO. Cada um de nós é confrontado desde seus primeiros dias com uma mãe e um pai, com uma feminilidade e uma virilidade. E, portanto, marcado por uma relação harmoniosa ou desarmoniosa com cada um desses dois arquétipos. Os ginófobos (misóginos) não se encontram apenas entre os homens mas entre as mulheres também, e existem tanto ginófobos quanto andrófobos (aqueles e aquelas que vivem em desarmonia com o *arquétipo* do homem). Essas atitudes são possibilidades diferentes e totalmente legítimas da condição humana. O maniqueísmo feminista jamais se questionou sobre a androfobia e transformou a misoginia em simples injúria. Assim nos esquivamos do conteúdo psicológico dessa noção, o único interessante.

MISOMUSA. Não ter o senso da arte não é grave. Pode--se não ler Proust, não ouvir Schubert e viver em paz. Mas o misomuso não vive em paz. Sente-se humilhado pela existência de uma coisa que o supera e a odeia. Existe uma misomusia popular assim como existe um antissemitismo popular. Os regimes fascistas e comunistas sabiam se aproveitar disso quando perseguiam a arte moderna. Mas existe a misomusia intelectual, sofisticada: ela se vinga sobre a arte sujeitando-a a um fim situado além da estética. A doutrina da arte engajada: a arte como meio de uma política. Professores para quem uma obra de arte não é senão um pretexto para o exercício de um método (psicanalítico, semiológico, sociológico etc.). A misomusa democrática: o mercado como juiz supremo do valor estético.

MISTIFICAÇÃO. Neologismo, em si mesmo divertido (derivado da palavra mistério), surgido na França no século XVIII no meio do espírito libertino para designar os embustes de alcance exclusivamente cômico. Diderot tem 47 anos quando arma uma extraordinária farsa fazendo o marquês de Croismare acreditar que uma jovem religiosa infeliz solicita sua proteção. Durante vários meses, escreve ao marquês todo emocionado cartas assinadas por essa mulher que não existe. *A religiosa* — fruto de uma mistificação: uma razão a mais para se amar Diderot e seu século. Mistificação: o modo ativo de não se levar o mundo a sério.

MODERNO (arte moderna; mundo moderno). Existe a arte moderna que, com um êxtase *lírico*, se identifica ao mundo moderno. Apollinaire. A exaltação da técnica, a fascinação do futuro. Com e depois dele: Maiakóvski, Léger, os futuristas, os vanguardistas. Mas no oposto de Apollinaire está Kafka. O mundo moderno como um labirinto onde o homem se perde. O modernismo *antilírico*, antirromântico, cético, crítico. Com e depois de Kafka: Musil, Broch, Gombrowicz, Beckett, Ionesco, Fellini... À medida que se avança no futuro, a herança do "modernismo antimoderno" adquire grandeza.

MODERNO (ser moderno). "Nova, nova, nova é a estrela do comunismo, e fora dela não existe modernidade", escreveu em 1920 o grande romancista tcheco de vanguarda Vladislav Vancura. Toda a sua geração corria para o partido comunista a fim de não deixar de ser moderna. O declínio histórico do partido comunista foi selado desde que esse ficou em todo lugar "fora da modernidade". Pois "é preciso ser absolutamente moderno", ordenou Rimbaud. O desejo de ser moderno é um arquétipo, isto é, um imperativo irracional, profundamente arraigado em nós, uma forma insistente cujo conteúdo é mutante e indeterminado: é moderno o que se declara moderno e é aceito como tal. A mãe Lejeune em *Ferdydurke* exibe como um dos sinais da modernidade "seu andar desenvolto ao se dirigir ao toalete, ao qual se ia antigamente de modo furtivo". *Ferdydurke*, de Gombrowicz: a mais estrondosa desmitificação do arquétipo do moderno.

NÃO SER. "[...] a morte ternamente azulada como o não ser" (*O livro do riso e do esquecimento*). Não se pode dizer: "azulada como o nada", porque o nada não é azulado. Prova de que o nada e o não ser são duas coisas totalmente diferentes.

OBRA. "Do esboço à obra, o caminho é feito de joelhos." Não posso esquecer esse verso de Vladimir Holan. E me recuso a pôr no mesmo nível as cartas a Felice e *O castelo*.

OBSCENIDADE. Numa língua estrangeira, utilizamos as palavras obscenas mas não as sentimos como tais. A palavra obsceno, pronunciada com sotaque, torna-se cômica. Dificuldade de ser obsceno com uma mulher estrangeira. Obscenidade: a mais profunda raiz que nos liga a nossa pátria.

OCTAVIO. Estou redigindo este pequeno dicionário quando o terrível terremoto irrompe no centro do México, onde moram Octavio Paz e sua mulher, Marie-Jo. Nove dias sem notícias deles. Em 27 de setembro, chamada telefônica: notícia de Octavio. Abro uma garrafa de vinho a sua saúde. E, de seu nome tão querido, tão querido, faço a 42ª destas 63 palavras.

OPUS. O excelente costume dos compositores. Eles não atribuem um número de opus a não ser às obras que reconhecem como "dignas". Não numeram as que pertencem a sua imaturidade, a uma ocasião passageira, ou que são do domínio do exercício. Um Beethoven não numerado, por exemplo as *Variações à Salieri*, é realmente fraco, mas isso não nos decepciona, o próprio compositor nos advertiu. Questão fundamental para qualquer artista: por qual trabalho começa sua obra "digna"? Janacek só encontrou sua singularidade depois dos 45 anos. Sofro quando ouço as poucas composições que ficaram de seu período anterior. Antes de sua morte, Debussy destruiu todos os esboços, tudo o que deixou de inacabado. O mínimo que um autor pode fazer por suas obras: limpar a área.

PSEUDÔNIMO. Sonho com um mundo em que os escritores sejam obrigados por lei a guardar secreta sua identidade e usar pseudônimos. Três vantagens: limitação radical da grafomania; diminuição da agressividade na vida literária; desaparecimento da interpretação biográfica de uma obra.

REFLEXÃO. A mais difícil de traduzir: não o diálogo, a descrição, mas as passagens reflexivas. É preciso conservar sua absoluta exatidão (cada infidelidade semântica torna falsa a reflexão) mas, ao mesmo tempo, sua beleza. A beleza da reflexão se revela nas *formas poéticas da reflexão.* Conheço três delas: 1) o aforismo, 2) a ladainha, 3) a metáfora. (Ver: AFORISMO, LADAINHA, METÁFORA.)

REPETIÇÕES. Nabokov observa que no começo de *Anna Kariênina,* no texto russo, a palavra "casa" aparece oito vezes em seis frases e que essa repetição é um artifício deliberado da parte do autor. Entretanto, na tradução francesa, a palavra "casa" aparece apenas uma vez; na tradução tcheca não mais que duas vezes. No mesmo livro: em todos os lugares em que Tolstói escreve *"skazal"* [disse], encontro na tradução proferiu, retorquiu, replicou, gritou, tinha concluído etc. Os tradutores são loucos pelos sinônimos. (Rejeito a própria noção de sinônimo: cada palavra tem seu sentido próprio e é semanticamente insubstituível.) Pascal: "Quando num discurso se encontram palavras repetidas e ao tentarmos corrigi-las as achamos tão apropriadas que estragaríamos o discurso, devemos deixá-las, é a marca do discurso". O refinamento lúdico da repetição no primeiro parágrafo de uma das mais belas prosas francesas: "Eu amava perdidamente a condessa de ***; eu tinha vinte anos, e era ingênuo; ela me enganou, eu me zanguei, ela me deixou. Eu era ingênuo, lamentei-me; eu tinha vinte anos, ela me perdoou: e como eu tinha vinte anos, era ingênuo, sempre enganado, mas nunca abandonado, eu me acreditava o amante mais amado, portanto o mais feliz dos homens [...]" (Vivant Denon: *Point de lendemain* [Sem amanhã]). (Ver: LITANIA.)

REVISOR. Entrevistas, conversas, opiniões coletadas. Adaptações, transcrições, cinematográficas, televisadas.

Revisão como espírito de época. "Um dia toda a cultura passada será completamente reescrita e completamente esquecida atrás de seu revisor" (prefácio de *Jacques e seu amo*). E: "Que pereçam todos os que se permitem reescrever o que estava escrito! Que sejam empalados e queimados em fogo brando! Que sejam castrados e que lhes cortem as orelhas!" (o amo em *Jacques e seu amo*).

RISO (europeu). Para Rabelais, a alegria e o cômico eram ainda uma coisa só. No século XVIII, o humor de Sterne e de Diderot é uma lembrança terna e nostálgica da alegria rabelaisiana. No século XIX, Gogol é um humorista melancólico: "Se examinarmos atenta e longamente uma história engraçada, ela se torna cada vez mais triste", diz ele. A Europa examinou a história engraçada de sua própria existência durante tanto tempo que, no século XX, a epopeia alegre de Rabelais se transformou em comédia desesperada de Ionesco, que diz: "Muito pouca coisa separa o horrível do cômico". A história europeia do riso fecha seu ciclo.

RITMO. Tenho horror de ouvir a batida de meu coração, lembrando-me sem cessar que o tempo de minha vida é contado. É por isso que sempre vi nas barras de compasso que marcam as partituras algo de macabro. Mas os maiores mestres do ritmo souberam fazer calar essa regularidade monótona e previsível e transformar sua música em um pequeno recinto de "tempo fora do tempo". Os grandes polifonistas: o pensamento contrapontista, horizontal, enfraquece a importância do compasso. Beethoven: em seu último período, mal se distinguem os compassos, de tal maneira o ritmo é complicado, sobretudo nos movimentos lentos. Minha admiração por Olivier Messiaen: graças a sua técnica de pequenos valores rítmicos acrescentados ou retirados, ele inventa uma estrutura temporal imprevisível e incalculável, um tempo totalmente autônomo (tempo após "o fim do tempo" para retomar o título de seu quarteto). Lugar-comum: o gênio do ritmo se manifesta pela regularidade ruidosamente acentuada. Erro. O maçante primitivismo rítmico do rock: a batida do coração é amplificada para que o homem não esqueça um só segundo sua marcha para a morte.

ROMANCE. A grande forma de prosa em que o autor, através dos egos experimentais (personagens), examina até o fim alguns grandes temas da existência.

ROMANCE (e poesia). 1857: o ano mais importante do século. *As flores do mal*: a poesia lírica descobre seu próprio terreno, sua essência. *Madame Bovary*: pela primeira vez um romance está pronto a assumir as mais altas exigências da poesia (a intenção de "buscar a beleza acima de tudo"; a importância de cada palavra em particular; a intensa melodia do texto; o imperativo de originalidade se aplicando a cada detalhe). A partir de 1857, a história do romance será a do "romance tornado poesia". Mas *assumir as exigências da poesia* é coisa diversa de *liricizar* o romance (renunciar a sua ironia essencial, se desviar do mundo exterior, transformar o romance em confissão pessoal, sobrecarregá-lo de ornamentos). Os maiores entre os "romancistas tornados poetas" são violentamente *antilíricos*: Flaubert, Joyce, Kafka, Gombrowicz. Romance = poesia antilírica.

ROMANCE (europeu). A história (a evolução unida e contínua) do romance (de tudo o que se denomina romance) não existe. Existem somente *histórias* do romance: do romance chinês, greco-romano, japonês, medieval etc. O romance que chamo *europeu* se forma no sul da Europa ao raiar dos tempos modernos e representa uma entidade histórica em si que, mais tarde, estenderá seu espaço além da Europa geográfica (nas duas Américas, especialmente). Pela riqueza de suas formas, pela intensidade vertiginosamente concentrada de sua evolução, por seu papel social, o romance europeu (assim como a música europeia) não tem semelhante em nenhuma outra civilização.

ROMANCISTA (e escritor). Releio o curto ensaio de Sartre "Que é escrever?". Nem uma só vez ele usa as palavras *romance, romancista*. Fala somente do *escritor de prosa*. Distinção correta: o escritor tem ideias originais e uma voz inimitável. Ele pode se servir de qualquer forma (romance inclusive) e tudo o que ele escreve, sendo marcado por seu pensamento, levado por sua voz, faz parte de sua obra. Rousseau, Goethe, Chateaubriand, Gide, Malraux, Camus, Montherlant.

O romancista não faz muito caso de suas ideias. Ele é um descobridor que, tateando, se esforça para desvendar um aspecto desconhecido da existência. Não está fascinado por sua voz mas por uma forma que ele persegue, e só as formas que correspondem às exigências de seu sonho fazem parte de sua obra. Fielding, Sterne, Flaubert, Proust, Faulkner, Céline, Calvino.

O escritor se inscreve no mapa espiritual de seu tempo, de sua nação, no mapa da história das ideias.

O único contexto em que se pode apreender o valor de um romance é o da história do romance europeu. O romancista não tem contas a prestar a ninguém, salvo a Cervantes.

ROMANCISTA (e sua vida). Pergunta-se ao romancista Karel Capek por que ele não escreve poesia. Sua resposta: "Porque detesto falar de mim mesmo". Hermann Broch sobre ele, sobre Musil, sobre Kafka: "Nós três não temos uma biografia verdadeira". O que não significa que a vida deles fosse pobre de acontecimentos, mas que não era destinada a ser distinguida, a ser pública, a virar biografia. "Detesto meter o nariz na preciosa vida dos grandes escritores e jamais biógrafo algum erguerá o véu de minha vida particular", diz Nabokov. E Faulkner deseja "ser, enquanto homem, anulado, suprimido da história, não deixando nela nenhum traço, nada senão os livros impressos". (Guardemos bem: *livros* e *impressos,* por conseguinte nada de manuscritos inacabados, nada de diários, nada de cartas.) Metáfora arquiconhecida: o romancista desfaz a casa de sua vida para, com as pedras, construir a casa de seu romance. Os biógrafos de um romancista desfazem portanto o que o romancista fez, refazem o que ele desfez. O trabalho deles não pode esclarecer nem o valor nem o sentido de um romance; apenas identificar alguns tijolos. No momento em que Kafka atrai mais atenção que Joseph K., o processo da morte póstuma de Kafka se iniciou.

SOVIÉTICO. Não emprego esse adjetivo. A União das Repúblicas Socialistas Soviéticas: "Quatro palavras, quatro mentiras" (Castoriadis). O povo soviético: anteparo léxico por trás do qual devem ser esquecidas todas as nações russificadas do Império. O termo "soviético" convém não somente ao nacionalismo agressivo da Grande Rússia comunista, mas também à nostalgia nacional dos dissidentes. Ele lhes permite crer que, por um ato mágico, a Rússia (a verdadeira Rússia) está ausente do Estado dito soviético e que ela perdura como essência intacta, imaculada, ao abrigo de todas as acusações. A consciência alemã: traumatizada, culpada após a época nazista; Thomas Mann: a exposição cruel do espírito germânico. A maturidade da cultura polonesa: Gombrowicz, que alegremente violenta a "polonidade". Impensável para os russos violentar a "russidade", essência imaculada. Nenhum Mann, nenhum Gombrowicz entre eles.

TCHECOSLOVÁQUIA. Jamais emprego a palavra Tchecoslováquia em meus romances, ainda que a ação esteja geralmente situada ali. Essa palavra composta é demasiado jovem (nasceu em 1918), sem raízes no tempo, sem beleza, e trai o caráter composto e jovem demais (não provado pelo tempo) da coisa denominada. Se, a rigor, pode-se fundar um Estado sobre uma palavra tão pouco sólida, não se pode fundar sobre ela um romance. É a razão por que, para designar o país de meus personagens, emprego sempre o antigo nome Boêmia. Do ponto de vista da geografia política, não é exato (meus tradutores protestam frequentemente), mas, sob o ponto de vista da poesia, é a única denominação possível.

TEMPOS MODERNOS. O advento dos tempos modernos. O instante-chave da história da Europa. Deus se torna *Deus absconditus* e o homem, o fundamento de tudo. O individualismo europeu nasceu e com ele uma nova situação da arte, da cultura, da ciência. Encontro dificuldades na tradução desse termo na América do Norte. Escrevendo *modern times*, o norte-americano compreende: a época contemporânea, nosso século. A ignorância da noção de tempos modernos na América do Norte revela toda a fissura entre os dois continentes. Na

Europa, vivemos o fim dos tempos modernos; o fim do individualismo; o fim da arte concebida como expressão de uma originalidade pessoal insubstituível; o fim anunciando a época de uma uniformidade sem similar. Essa sensação de fim a América do Norte não sente, não viveu o nascimento dos tempos modernos e é apenas sua herdeira tardia. Conhece outros critérios do que é o começo e do que é o fim.

TRAIR. "Mas o que é trair? Trair é sair da ordem. Trair é sair da ordem e partir para o desconhecido. Sabina não conhece nada mais belo que partir para o desconhecido" (*A insustentável leveza do ser*).

TRANSPARÊNCIA. No discurso político e jornalístico, essa palavra quer dizer: revelação da vida dos indivíduos ao olhar público. O que nos remete a André Breton e seu desejo de viver em uma *casa de vidro* sob os olhos de todos. A casa de vidro: uma antiga utopia e ao mesmo tempo um dos aspectos mais terríveis da vida moderna. Regra: quanto mais opacos são os negócios do Estado, mais transparentes devem ser os negócios de um indivíduo; a burocracia, embora represente uma *coisa pública*, é anônima, secreta, codificada, ininteligível, enquanto o *homem particular* é obrigado a revelar sua saúde, suas finanças, sua situação familiar e, se o veredicto midiático decidiu, ele não mais terá um só instante de intimidade nem no amor, nem na doença, nem na morte. O desejo de violar a intimidade alheia é uma forma imemorial da agressividade que, hoje, está institucionalizada (a burocracia com suas fichas, a imprensa com seus repórteres), moralmente justificada (o direito à informação tornado o primeiro dos direitos do homem) e poetizada (pela bela palavra: transparência).

UNIFORME (uni-forme). "Dado que a realidade consiste na uniformidade do cálculo traduzível em planos, é preciso que o homem também entre na uni-formidade, se quiser ficar em contato com o real. Um homem sem uni-forme hoje causa a impressão de irrealidade, assim como um corpo estranho em nosso mundo." (Heidegger, *Dépassement de la métaphysique*). O agrimensor K. não está em busca de uma fraternidade mas em busca desesperada de um uni-forme. Sem esse uni-forme, sem o uniforme de empregado, ele não tem o "contato com o real", dá a "impressão de irrealidade". Kafka foi o primeiro (antes de Heidegger) a apreender essa mudança de situação: ontem, ainda puderam ver na pluriformidade, na fuga ao uniforme, um ideal, uma oportunidade, uma vitória; amanhã, a perda do uniforme representará uma completa desgraça, uma rejeição para fora do humano. Depois de Kafka, graças às grandes máquinas que calculam e planificam a vida, a uniformização do mundo avançou enormemente. Mas quando um fenômeno se torna geral, cotidiano, onipresente, não o distinguimos mais. Na euforia de sua vida uniforme, as pessoas não enxergam mais o uni-forme que vestem.

VALOR. O estruturalismo dos anos 1960 colocou a questão do valor entre parênteses. Entretanto, o fundador da estética estruturalista diz: "Somente a suposição do valor estético objetivo dá um sentido à evolução histórica da arte" (Jan Mukarovsky: *A função, a norma e o valor estético como fatos sociais*, Praga, 1934). Examinar um valor estético significa: tentar limitar e denominar as descobertas, as inovações, a nova luz que uma obra lança sobre o mundo humano. Somente a obra reconhecida como valor (a obra cuja novidade foi apreendida e denominada) pode tornar-se parte da "evolução histórica da arte", que não é uma simples sucessão de fatos mas uma busca de valores. Se afastarmos a questão do valor, satisfazendo-nos com uma descrição (temática, sociológica, formalista) da obra (de um período histórico, de uma cultura etc.), se pusermos o sinal de igualdade entre todas as culturas e todas as atividades culturais (Bach e o rock, as histórias em quadrinhos e Proust), se a crítica de arte (meditação sobre o valor) não encontrar mais lugar para se exprimir, a "evolução histórica da arte" obscurecerá seu sentido, desabará, transformar-se-á no imenso e absurdo depósito das obras.

VELHICE. "O velho sábio observava os moços barulhentos e de repente compreendeu que era o único na sala a ter o privilégio da liberdade, porque era velho; somente quando está velho é que o homem pode ignorar a opinião do rebanho, a opinião do público e do futuro. Está só com sua morte próxima e a morte não tem nem olhos nem ouvidos, ele não tem necessidade de agradar-lhe, pode fazer e dizer o que agrada a ele mesmo fazer e dizer" (*A vida está em outro lugar*). Rembrandt e Picasso. Bruckner e Janacek. Bach de *A arte da fuga*.

VIDA (com V maiúsculo). Paul Éluard, no panfleto dos surrealistas *Um cadáver* (1924), interpela os despojos de Anatole France: "Teus semelhantes, cadáver, não os amamos [...]" etc. Mais interessante que esse pontapé em um caixão me parece a justificativa que segue: "O que não posso mais imaginar sem ter lágrimas nos olhos, a Vida, ela surge ainda hoje nas pequeninas coisas derrisórias às quais somente a ternura serve agora de sustentáculo. O ceticismo, a ironia, a covardia, a França, o espírito francês o que é? Um grande sopro de esquecimento me arrasta para longe de tudo isso. Talvez eu jamais tenha lido nada, nada visto daquilo que desonra a Vida?".

Ao ceticismo e à ironia, Éluard opôs: as pequeninas coisas derrisórias, as lágrimas nos olhos, a ternura, a honra da Vida, sim, da Vida com V maiúsculo! Por trás do gesto espetacularmente não conformista, o mais rasteiro espírito do kitsch.

SÉTIMA PARTE
Discurso de Jerusalém: o romance e a Europa

Se o prêmio mais importante que Israel concede é destinado à literatura internacional, não é, me parece, obra do acaso mas de uma longa tradição. Na verdade, são as grandes personalidades judaicas que, afastadas de sua terra de origem, educadas acima das paixões nacionalistas, sempre revelaram uma sensibilidade excepcional por uma Europa supranacional, Europa concebida não como território mas como cultura. Se os judeus, mesmo depois de terem sido tragicamente decepcionados pela Europa, continuaram, no entanto, fiéis a esse cosmopolitismo europeu, Israel, sua pequena pátria finalmente reencontrada, surge aos meus olhos como o verdadeiro coração da Europa, estranho coração situado além do corpo.

É com uma grande emoção que recebo hoje o prêmio que traz o nome de Jerusalém e a marca desse grande espírito cosmopolita judeu. É como romancista que o recebo. Sublinho *romancista*, não digo escritor. O romancista é aquele que, segundo Flaubert, quer desaparecer por trás de sua obra. Desaparecer por trás de sua obra, isso quer dizer renunciar ao papel de homem público. Não é fácil hoje, quando tudo o que é muito ou pouco importante deve passar pelo palco insuportavelmente iluminado dos meios de comunicação que, contrariamente à intenção de Flaubert, fazem desaparecer a obra por trás da imagem de seu autor. Nessa situação, da qual ninguém pode escapar inteiramente, a observação de Flaubert me parece quase uma advertência: prestando-se ao papel de homem público, o romancista põe em perigo sua obra, que corre o risco de ser considerada um simples apêndice de seus gestos, de suas declarações, de seus pontos de vista. Ora, o romancista não é o porta-voz de ninguém e chego a dizer que ele não é nem mesmo o porta-voz de suas próprias ideias. Quando Tolstói esboçou a primeira versão de *Anna Kariênina*, Anna era uma mulher muito antipática, e seu fim trágico era justificado e merecido. A versão definitiva do romance é bem diferente, mas eu não creio que Tolstói tenha mudado nesse meio-tempo suas ideias morais, diria antes que, enquanto escrevia, ele escutava uma outra voz que não aquela de sua convicção moral pessoal. Ele escutava aquilo que eu gostaria de chamar a sabedoria do romance. Todos os verdadeiros romancistas estão à escuta dessa sabedoria suprapessoal, o que explica que os grandes romances são sempre um pouco mais inteligentes que seus autores. Os romancistas que são mais inteligentes que suas obras deveriam mudar de profissão.

Mas o que é essa sabedoria, o que é o romance? Existe um provérbio judaico admirável: *O homem pensa, Deus ri*. Inspirado por essa frase, gosto de imaginar que François Rabelais um dia ouviu o riso de Deus e que foi assim que nasceu a ideia do primeiro grande romance europeu. Agrada-me pensar que a arte do romance veio ao mundo como o eco do riso de Deus.

Mas por que Deus ri ao olhar o homem que pensa? Porque o homem pensa e a verdade lhe escapa. Porque quanto mais os homens pensam, mais o pensamento de um se distancia do pensamento do outro. E enfim, porque o homem nunca é aquilo que pensa ser. É na alvorada dos tempos modernos que essa situação fundamental do homem, saído da Idade Média, se revela: Dom Quixote pensa, Sancho pensa, e não apenas a verdade do mundo mas a verdade de seu próprio eu lhes escapa. Os primeiros romancistas europeus viram e aprenderam essa nova situação do homem e fundaram sobre ela a arte nova, a arte do romance.

François Rabelais inventou muitos neologismos que em seguida entraram para a língua francesa e para outras línguas, mas uma dessas palavras foi esquecida e podemos lamentá-lo. É a palavra *agélaste*; ela é tomada do grego e quer dizer: aquele que não ri, que não tem senso de humor. Rabelais detestava os *agélastes*. Tinha medo deles. Queixava-se de que os *agélastes* eram tão "atrozes contra ele" que esteve a ponto de parar de escrever, e para sempre.

Não existe paz possível entre o romancista e o *agélaste*. Não tendo nunca ouvido o riso de Deus, os *agélastes* são convencidos de que a verdade é inequívoca, de que todos os homens devem pensar a mesma coisa e que eles mesmos são exatamente aquilo que pensam ser. Mas é precisamente ao perder a certeza da verdade e o consentimento unânime dos outros que o homem torna-se indivíduo. O romance é o paraíso imaginário dos indivíduos. É o território em que ninguém é dono da verdade, nem Anna nem Karenin, mas em que todos têm o direito de ser compreendidos, tanto Anna como Karenin.

No terceiro livro de *Gargantua e Pantagruel*, Panurge, o primeiro grande personagem romanesco que a Europa conheceu, é atormentado pela pergunta: deve ele se casar ou não? Ele consulta médicos, videntes, professores, poetas, filósofos, que por sua vez citam Hipócrates, Aristóteles, Homero, Heráclito, Platão. Mas depois dessas vastas pesquisas eruditas que ocupam todo o livro, Panurge ignora sempre se deve ou não se casar. Nós, leitores, também não sabemos mas, em compensação, exploramos sob todos os ângulos possíveis a situação tão ridícula quanto elementar daquele que não sabe se deve ou não se casar.

A erudição de Rabelais, por maior que seja, tem portanto um outro sentido que a de Descartes. A sabedoria do romance é diferente daquela da filosofia. O romance nasceu não do espírito teórico mas do espírito do humor. Um dos fracassos da Europa é jamais ter compreendido a mais europeia das artes — o romance; nem seu espírito, nem seus imensos conhecimentos e descobertas, nem a autonomia de sua história. A arte inspirada pelo riso de Deus é, por sua essência, não tributária mas contraditória das certezas ideológicas. A exemplo de Penélope, ela desfaz durante a noite a tapeçaria que os teólogos, os filósofos, os sábios urdiram na véspera.

Nos últimos tempos, tornou-se hábito falar mal do século XVIII e chegou-se até este clichê: a desgraça do totalitarismo russo é obra da Europa, notadamente do racionalismo ateu do Século das Luzes, de sua crença na onipotência da razão. Eu não me sinto competente para polemizar contra aqueles que fazem Voltaire responsável pelo gulag. Por outro lado, sinto-me competente para dizer: o século XVIII não é apenas aquele de Rousseau, de Voltaire, de Holbach, mas também (senão sobretudo!) aquele de Fielding, de Sterne, de Goethe, de Laclos. De todos os romances daquela época, é *Tristram Shandy*, de Laurence Sterne, que prefiro. Um romance curioso. Sterne o abre pela evocação da noite em que Tristram foi concebido, mas mal começa a falar disso e uma outra ideia logo o seduz, e essa ideia, por livre associação, puxa uma outra reflexão, depois uma outra anedota, de modo que uma digressão segue-se a outra, e Tristram, herói do livro, é esquecido durante bem umas cem páginas. Essa maneira extravagante de compor o romance poderia parecer um simples jogo formal. Mas, na arte, a forma é sempre mais do que uma forma. Cada romance, queira ou não, propõe uma resposta à pergunta: o que é a existência humana e em que reside sua poesia? Os contemporâneos de Sterne, Fielding por exemplo, souberam sobretudo experimentar o extraordinário encanto da ação e da aventura. A resposta subentendida no romance de Sterne é diferente: a poesia, segundo ele, reside não na ação mas na *interrupção da ação*.

Talvez, indiretamente, um grande diálogo tenha se travado aqui entre o romance e a filosofia. O racionalismo do século XVIII repousa sobre a famosa frase de Leibniz: *nihil est sine ratione*. Nada daquilo que é, é sem razão. A ciência estimulada por essa convicção examina com furor o *porquê* de todas as coisas de modo que tudo aquilo que é parece explicável, portanto calculável. O homem que quer que sua vida tenha um sentido renuncia a cada gesto que não tenha sua causa e seu objetivo. Todas as biografias são escritas assim. A vida aparece como uma trajetória luminosa de causas, de efeitos, de fracassos e de êxitos, e o homem, fixando seu olhar impaciente sobre o encadeamento causal de seus atos, acelera ainda sua louca corrida em direção à morte.

Em face dessa redução do mundo à sucessão causal de acontecimentos, o romance de Sterne, apenas por sua forma, assevera: a poesia não está na ação mas ali onde a ação para; onde a ponte entre uma causa e um efeito é quebrada e onde o pensamento vagueia numa doce liberdade ociosa. A poesia da existência, diz o romance de Sterne, está na digressão. Ela está no incalculável. Ela está do outro lado da causalidade. Ela é *sine ratione*, sem razão. Ela está do outro lado da frase de Leibniz.

Não se pode portanto julgar o espírito de um século exclusivamente segundo suas ideias, seus conceitos teóricos, sem levar em consideração a arte e especialmente o romance. O século xix inventou a locomotiva, e Hegel estava certo de ter apreendido o próprio espírito da História universal. Flaubert descobriu a tolice. Ouso dizer que essa foi a maior descoberta de um século tão orgulhoso de sua razão científica.

É claro, mesmo antes de Flaubert não se duvidava da existência da tolice, mas ela era compreendida de modo um pouco diferente: ela era considerada como uma simples ausência de conhecimentos, um defeito corrigível pela instrução. Ora, nos romances de Flaubert, a tolice é uma dimensão inseparável da existência humana. Ela acompanha a pobre Ema através de seus dias até seu leito de amor e até seu leito de morte, acima do qual dois temíveis *agélastes*, Homais e Bournisien, vão ainda trocar longamente suas inépcias como uma espécie de oração fúnebre. Mas o mais chocante, o mais escandaloso na visão flaubertiana da tolice é isto: a tolice não se apaga diante da ciência, da técnica, do progresso, da modernidade, ao contrário, com o progresso, ela também progride!

Com uma vil paixão, Flaubert colecionava as fórmulas estereotipadas que as pessoas em volta dele pronunciavam para parecer inteligentes e atualizadas. Com isso ele compôs um célebre *Dictionnaire des idées reçues* [Dicionário das ideias feitas]. Vamos nos valer desse título para dizer: a tolice moderna significa não a ignorância mas o *não pensamento das ideias recebidas*. A descoberta flaubertiana é mais importante para o futuro do mundo que as ideias mais perturbadoras de Marx ou de Freud. Pois podemos imaginar o futuro do mundo sem a luta de classes ou sem a psicanálise, mas não sem a invasão irresistível das ideias recebidas que, registradas nos computadores, propagadas pela mídia, ameaçam tornar-se em breve uma força que esmagará todo pensamento original e individual e sufocará assim a própria essência da cultura europeia dos tempos modernos.

Uns oitenta anos depois que Flaubert imaginou sua Ema Bovary, nos 1930, um outro grande romancista, Hermann Broch, falará do esforço heroico do romance moderno, que se opõe à onda do kitsch mas acabará por ser esmagada por ele. A palavra kitsch designa a atitude daquele que quer agradar a qualquer preço e ao maior número possível. Para agradar, é preciso confirmar aquilo que todo mundo quer ouvir, estar a serviço das ideias recebidas. O kitsch é a tradução da tolice das ideias recebidas na linguagem da beleza e da emoção. Ele nos arranca lágrimas de enternecimento sobre nós mesmos, sobre as banalidades que pensamos e sentimos. Depois de cinquenta anos, hoje, a frase de Broch torna-se ainda mais verdadeira. Dada a necessidade imperativa de agradar e de ganhar assim a atenção do maior número, a estética dos meios de comunicação é inevitavelmente a do kitsch; e, à medida que os meios de comunicação envolvem toda a nossa vida e nela se infiltram, o kitsch torna-se nossa estética e nossa moral cotidianas. Até uma época recente, o modernismo significava uma revolta não conformista contra as ideias recebidas e o kitsch. Hoje, a modernidade se confunde com a imensa vitalidade midiática, e ser moderno significa um esforço desenfreado para ser atual, estar conforme, estar ainda mais conforme do que os mais conformes. A modernidade vestiu a roupa do kitsch.

Os *agélastes*, o não pensamento das ideias recebidas, o kitsch, é o único e mesmo inimigo tricéfalo da arte nascida como o eco do riso de Deus e que soube criar esse fascinante espaço imaginário em que ninguém é dono da verdade e em que cada um tem o direito de ser compreendido. Esse espaço imaginário nasceu com a Europa moderna, ele é a imagem da Europa ou, ao menos, de nosso sonho da Europa, sonho muitas vezes traído mas no entanto bastante forte para nos unir a todos na fraternidade que ultrapassa de longe nosso pequeno continente. Mas nós sabemos que o mundo em que o indivíduo é respeitado (o mundo imaginário do romance, e o mundo real da Europa) é frágil e perecível. Vemos no horizonte exércitos de *agélastes* que nos observam. E precisamente nessa época de guerra não declarada e permanente, e nesta cidade com destino tão dramático e cruel, resolvi falar apenas do romance. Sem dúvida vocês compreenderam que não é uma forma de escapismo da minha parte, diante das questões ditas graves. Pois se a cultura europeia me parece hoje ameaçada, se ela está ameaçada do exterior e do interior naquilo que ela tem de mais precioso, seu respeito pelo indivíduo, respeito pelo seu pensamento original e pelo seu direito a uma vida particular inviolável, então, parece-me, essa essência preciosa do espírito europeu está depositada como numa caixa de prata na história do romance, na sabedoria do romance. É a essa sabedoria que, neste discurso de agradecimento, eu queria render homenagem. Mas está na hora de parar. Estava esquecendo que Deus ri quando me vê pensar.

Sobre o autor

Milan Kundera nasceu na República Tcheca. Desde 1975, vive na França.

Obras de Milan Kundera publicadas pela Companhia das Letras

A arte do romance
A brincadeira
A cortina
Um encontro
A festa da insignificância
A identidade
A ignorância
A imortalidade
A insustentável leveza do ser
A lentidão
O livro do riso e do esquecimento
Risíveis amores
A valsa dos adeuses
A vida está em outro lugar

ESTA OBRA FOI COMPOSTA PELA SPRESS EM SABON E IMPRESSA EM OFSETE
PELA GEOGRÁFICA SOBRE PAPEL PÓLEN BOLD DA SUZANO PAPEL E CELULOSE
PARA A EDITORA SCHWARCZ EM OUTUBRO DE 2016

A marca FSC® é a garantia de que a madeira utilizada na fabricação do papel deste livro provém de florestas que foram gerenciadas de maneira ambientalmente correta, socialmente justa e economicamente viável, além de outras fontes de origem controlada.